熊野海が紡ぐ近代史

稲生 淳
Inabu Jun

森話社

［カバー図版］

右上　楊州周延「紀伊海難船之図」（一八八六年、和歌山市立博物館所蔵）

左上　樫野埼灯台（『ファー・イースト』一八七一年三月十六日、横浜開港資料館所蔵）

中　日本地図（一八七六年、R・H・ブラントン編、トリブュナー社刊、横浜開港資料館所蔵）

右中　潮岬灯台（『イラストレイテッド・ロンドン・ニュース』一八七二年十月十二日、横浜開港資料館所蔵）

左中　捕鯨用小舟（『イラストレイテッド・ロンドン・ニュース』一八六四年十一月十九日、横浜開港資料館所蔵）

右下　エルトゥールル号乗組員の集合写真（串本町提供）

左下　橋杭岩（『ファー・イースト』一八七一年四月一日、横浜開港資料館所蔵）

［扉図版］　R・H・ブラントン（横浜開港資料館所蔵）

熊野　海が紡ぐ近代史

＊目次

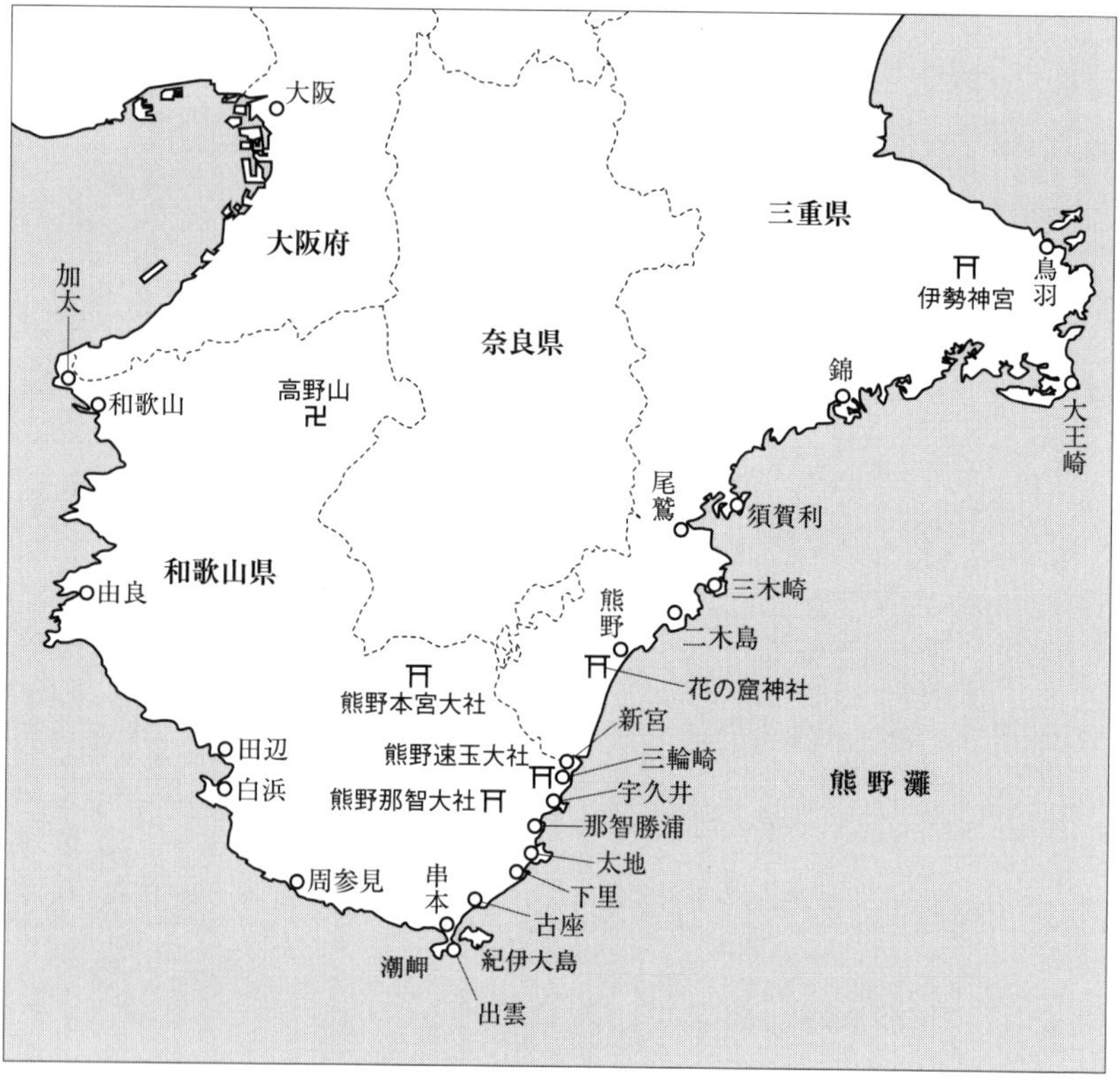

大阪
大阪府
三重県
鳥羽
伊勢神宮
加太
奈良県
和歌山
高野山
錦
大王崎
尾鷲
須賀利
和歌山県
三木崎
由良
熊野
二木島
花の窟神社
熊野本宮大社
新宮
田辺
熊野速玉大社
三輪崎
白浜
熊野那智大社
宇久井
熊野灘
那智勝浦
太地
周参見
串本
下里
古座
潮岬
紀伊大島
出雲

紀伊半島地図

はじめに

熊野は、紀伊半島の南部に位置する。高い山々が織りをなし陸上交通が不便なこの地域は、都人には地の果てのように思えたことだろう。熊野の語源については、「クマ」は古語でカミ（神）を意味することから「神のいます所」であるとか、「こもる」の意味で「樹木が鬱蒼と隠りなすところ」であるとか、また、端っこの「隈《くま》」を意味するなどさまざまな説がある。いずれにせよ「熊野」は、開かれた明るいイメージではなく、「辺境」「異界」といった暗いイメージでとらえられてきた。

『古事記』や『日本書紀』には、イザナミや神武東征をはじめ、熊野を舞台としたエピソードが描かれ、また中世から近世にかけては熊野詣が盛んに行われてきた。熊野は、信仰の地として人々に知られ、その大自然は畏怖の対象となってきた。それゆえ熊野と言えば、どうしても山の視点で語られることが多かった。

しかし、折口信夫が「海やまのあひだ」と言い、丸山静が「海と山とが出逢って「聖婚」する場所である」と記したように、熊野を構成するもう一つの要素に海があることも忘れてはならない。熊野の海は海上交通のメインルートであり、多くの人や物が海から熊野に入ってきた。古くは秦の始皇帝の命を受け不老長寿の秘薬を求めてやってきた徐福《じょふく》、那智山《なちさん》を開山したと伝えられるインドの裸形上人《らぎょうしょうにん》、また遣唐使吉備真備《きびのまきび》が乗った船が太《たい》地《じ》に漂着したとの伝承もある。熊野の海は黒潮が流れ、人々はカツオやマグロ、クジラを求めて沖に船を漕ぎ入れ、様々な漁法を生みだし、全国各地に伝えた。明治に入ってからは、外国に出かけて行った人々も多かった。海の視点で熊野を眺めてみれば、ダイナミックかつドラマチックな世界との出会いに気づく。

二〇〇五（平成十七）年、熊野市で発足した「海の熊野地名研究会」が中心となって、二〇〇九（平成二十一）年に那智勝浦町で「第二十八回全国地名研究者大会」が開催された。また、二〇一一（平成二十三）年には『海の熊野』（森話社）が出版されるなど、近年、海の視点に立った熊野の研究が注目されている。しかし、熊野信仰が海を通じて九州や沖縄に伝わったことや、太地発祥の網掛突取捕鯨法が五島《ごとう》列島などに伝わったことなど、移動や交流の範囲は国内にとどまって語られがちである。熊野の海が世界と繋がっていることを考えれば、「世界史」の中で熊野を捉え直す必要があると考える。

十五世紀末に始まる大航海時代の波は、はるか極東の日本にも押し寄せた。一五四三（天文十二）年、種子島《たねがしま》に漂着したポルトガル人が鉄砲を伝え、その六年後にはフランシスコ・ザビエルがキリスト教を伝えた。また、一六〇〇（慶長五）年にはオランダ船リーフデ号が豊後国《ぶんごのくに》に漂着し、乗組員のヤン・ヨーステンとウィリアム・アダムズは外交顧問として徳川家康に仕えた。このような外国船の到来は、熊野も例外ではなかった。史料には、一六八七（貞亨四）年、紀伊大島（以後、大島と記す）の苗我島《みょうがじま》にルソンの船が漂着し、乗組員十一人のうち生存者三人は長崎を経由して帰国したことや、一七八九（寛政元）年に七十七人が乗り込んだ中国船が津荷浦《つがうら》（現・串本町津荷）に漂着し、住民に救助された後、土佐の船で長崎に送り返されたことなどが記されている（『串本町史 通史編』二九七頁）。

アメリカ船が最初にやってきたのも熊野の海だった。一七九一（寛政三）年、ボストン商船レディ・ワシントン号とニューヨーク商船グレイス号が広東からアメリカ北西海岸に向かう途中、大島に寄港したのである。アメリカ側の史料によると、レディ・ワシントン号は「ラッコの毛皮を売る目的で日本の南の港に入港した」とあるが、日本側の史料には、「風浪のために漂着した」とあり、漂着か、それとも通商目的だったのかという点については、日米双方の史料は異なるものの、日米最初の出会いの場所は熊野の海であった。その六十二年後にペリーが来航し開国を迫ったのは、日本近海で操業するアメリカ捕鯨船員の保護が目的であった。当時、欧米の捕鯨船は、「ジャパン・グラウンド」と呼ばれ世界的なクジラの漁場であった小笠原周辺海域にまで進出しており、その数は、年間約五百隻にも達していたという。このような状況は、熊野の浦々にも少なからず影響を及ぼした。「鯨一頭捕れば七浦潤う」と言われ、太地を中心に賑わいを見せていた熊野の捕鯨も、幕末から明治にかけてクジラの捕獲数が減少したのである。一八七八（明治十一）年暮れ、無理な出漁によって起こった太地捕鯨船団遭難事故も、ひょっとすると外国捕鯨船の日本近海での操業に遠因があったのかもしれない。しかし、そんなことは熊野の人々にとって知る由もなかった。

　一八五八（安政五）年、安政の五カ国条約によって日本が開国すると、多くの外国船が来航した。横浜には年間二百ないし三百隻が、また神戸と長崎には、それぞれ百七十隻が来航したと言われている。当時、日本の主な岬には、常夜灯が設けられていたが、光力が弱かったため沖を航行する外国船にとっては何の役にも立たなかった。横浜に向かう外国船は、紀伊半島南端の串本・大島沖を航行しなければならず、暗礁や岩礁の多い熊野灘は、外国人から「遭難海岸」と呼ばれ恐れられた。それゆえ諸外国は日本沿岸に洋式灯台の設置を要求した際、その設置場所として真っ先に樫野崎《かしのざき》と潮岬《しおのみさき》を挙げ、両灯台は他に先駆けて一八七〇（明治三）年に点灯した。灯台に使われた鉄やレンズ、機器の多くはイギリスから輸入したもので、灯台建設後、しばらくはイギリス人灯台守が常駐するなど、熊野は灯台を通じていち早く西洋文明と接触したのである。灯台の光は新たな時代の象徴として、熊野の人々の目に映ったことであろう。

しかし、海難事故はなくなることはなかった。一八八三(明治十六)年、イギリス船カーナボンセーア号が新宮の御手洗《みたらい》海岸で座礁し、また一八九〇(明治二十三)年にはイギリス船ユリセス号が新宮の三輪崎《みわさき》海岸で暗礁に乗り上げ浸水した。いずれの場合も、地域住民の懸命な救助活動のおかげで多くの命が救われた。

一八八六(明治十九)年十月二十四日、ノルマントン号が沈没したのも熊野の海だった。翌二十五日朝、大島須江村の人々は、櫓漕船九隻を出して救助にあたり、ボートで漂流する十五名の乗組員(内三名はすでに死亡)を救出した。また、イギリス人船長ドレークを含む十四名が乗る別のボートは自力で串本の下浦海岸にたどり着いたが、日本人乗客二十五名は全員溺死した。神戸で行われた海難審判の結果、船長に無罪が言い渡されたことに憤慨した人々は、不平等条約の撤廃を叫んだのである。

しかし、なんと言っても、熊野灘で起きた最大の海難事故は、一八九〇(明治二十三)年九月に起きたトルコ軍艦エルトゥールル号の遭難である。日本への訪問を終え帰路についたエルトゥールル号は、熊野灘を南下中、暴風雨のため大島の樫野崎沖で遭難した。特使オスマン・パシャ以下五百八十余名が亡くなり、六十九名が救助された。大島の人々は、寝食を忘れ、不眠不休で救助活動に奔走し、また自宅にある食料や浴衣を提供するなど救命に尽力した。この時、大島村長として救助の指揮を執った沖周《おきしゅう》は、かつて三輪崎村ほか四か村の戸長だった時、ノルマントン号の遭難に接し、海中探索を提言し潜水夫を手配するなどした経験があり、これがエルトゥールル号の遭難に際しても生かされた。また、救助されたトルコ将兵らに提供する料理を担当した樫田文右衛門も、かつて樫野埼灯台に勤務したイギリス人灯台守の料理人として働いた経験があった。このように、熊野の人々は、外国船の漂着や遭難、灯台建設などを通して、早くから外国人と接触していたのである。このようなことが出稼ぎや移民として、熊野の人々が外国に出かけていく素地となったのではないか。

熊野の沖を流れる黒潮は、フィリピンあるいは台湾東方に源を発し、南西諸島に沿って北上し、九州や四国、紀伊半島沖を通過した後、房総半島沖で東に向きを変え太平洋の中央部に向かって流れ、やがてアメリカ北西岸に達する。黒潮本流の速度は、速いときには五ノット（時速九キロ）であるが、常時は二ノットで、幅約三十海里、深さ六百〜七百メートルの巨大な水の流れである。黒潮は、流れるコースが変わることがあり、この現象を黒潮反流と呼んでいる。熊野信仰が九州や沖縄に伝わったのも、黒潮反流を利用してのものであろう。村井章介著『海から見た戦国日本』には、十四世紀から十五世紀にかけて朝鮮半島沿岸や中国沿岸を荒らし回った倭寇の中に熊野の者がいたことが記されているが、これもおそらく黒潮反流によるものであろう。

明治以降、和歌山県人がアメリカ、カナダ、オーストラリア、ブラジルなどに移民として出かけて行ったことは広く知られている。中でも串本を中心とする熊野の人々が木曜島やアラフラ海に真珠貝を求めたことは、当地方の特色の一つとされている。羽原又吉著『漂海民』には、「串本・潮岬・大島の漁民のオーストラリアへの出稼ぎが明治以前に始まっていた」とある。彼らは、生米をかじり、雨水を飲みながら、嵐のない時期に何日もかかってオーストラリア沿岸まで航海を続けたというのである。確かな証拠はないものの、串本・大島沖に漁に出かけた人々が黒潮に流されたという話を子供の頃に親戚の漁師から聞いたことがある。東に流された者は、房総半島や八丈島などに漂着し、また南西方面に流された者は、九州や沖縄にたどりついた。漁師の中には、海洋気象に関する独自の知識を生かし、南洋の島々やオーストラリアにたどり着いた者もいたかもしれない。熊野の人々が明治初めから昭和三十年代半ばにかけて、木曜島やアラフラ海へ出かけていったのは、生まれた土地で働くことに比べて何倍もの賃金がもらえたからである。彼らは、日が昇ってから沈むまで、ひたすら海に潜り貝を採り続けた。しかし、稼ぎの代償として潜水病などで多くの人々が命を失った。いくら生活のためとはいえ、見知らぬ外国で働くことは大変な勇気が要っただろう。それにもかかわらず熊野の人々は巨大なクジラに挑んだように、見知らぬ土地に出かけていくことに物怖《ものお》じしなかったに違いない。

熊野は日本の中心から見れば辺境であったが、太平洋に張り出した地理的位置ゆえ、海から来る人々にとっては最初に見る本州の陸地だった。アメリカ船が寄港し、イギリス軍艦が測量に訪れた。外国船の遭難事故が多発し、他に先駆けて洋式灯台も建設された。外国人との接触も多くなった。近代をむかえ、それまでの「内なる熊野」は、「開かれた熊野」として「世界史」に登場するのである。熊野が海を通じて世界と繋がっていった歴史を、本書で改めて見直してみたい。

第一章　アメリカ船紀伊大島寄港の背景

一　日米最初の出会い

一七九一（寛政三）年、大島近海に二隻のアメリカ船が寄港した。鎖国下の日本で起きたこの出来事は、我が国の主だった歴史書には記されず、地元でも長い間忘れ去られてきた。この出来事が世間に明らかになったのは、百五十七年後の一九四八（昭和二十三）年八月二日付『朝日新聞』においてである。そこには、「書き直しか日米交渉史」という見出しで次のように記されていた。

戦前から日米交渉史を研究していたロサンジェルス在住の木下糺氏が米国の文献に「一七九一年、ボストンから帆船レディ・ワシントン号（九十トン、船長ジョン・ケンドリック）が、カナダのバンクーバー島から毛皮約五百枚などを積んで広東に入港、交易を望んだが、同国官吏がワイロを要求するのに憤慨して、大阪堺へ航行中、風浪のため押し流され紀州の港に入った」とあるのを発見し、京都大学名誉教授新村出博士に日本の文献による考証を依頼、これを受けた同博士が和歌山県立図書館司書の喜多村進氏に照会したところ、同図書館所蔵の『南紀徳川史』の中にこれと照合する記述を発見した。

この歴史的事実によりアメリカ船の大島寄港が証明されたとして、串本町と和歌山県は一九七三（昭和四十八）年、樫野崎に日米修交記念館を建設した。しかし、当時の展示品といえば、レディ・ワシントン号の模型とアメリカ船の大島寄港を記した紀州藩の歴史書『南紀徳川史』、またアメリカ側の資料としてサムエル・モリソン著『*The maritime history of Massachusetts 1783-1860*』などだけで、大半は日米交流を記した歴史年表や串本町の姉妹都市であるカリフォルニア州へメット市から寄贈されたネイティブ・アメリカンの羽根飾りなど、アメリカ船の大島寄港とはあまり関係のないものばかりであった。歴史的研究もなされないまま、この出来事は次第に人々の関心から遠ざかっていった。たまたま日米修交記念館を訪れた観光客が「ペリー来航の六十二年前にアメリカ船が大島近海に寄港した」ことを知る程度であった。

アメリカ船の大島寄港が再び話題になるのは、一九九一（平成三）年、ノンフィクション作家の佐山和夫氏が『わが名はケンドリック』を出版してからである。佐山氏は、アメリカ側の史料をもとに「アメリカ船は漂着ではなく、最初から通商を目的として日本にやってきた」と述べ、また札幌大学教授の御手洗昭二氏も『黒船以前』で、佐山氏と同様の見解を示した。こうした研究を受けて串本町も資料収集を開始し、レディ・ワシントン号のたどった航路図やケンドリック船長の家の写真、さらに積み荷であった磚茶《たんちゃ》なども展示し、現在は充実したものとなっている〔図①〕。

図①　現在の日米修交記念館（筆者撮影）

レディ・ワシントン号が日本にやってきた最初のアメリカ船であることは、フォスター・ダレス氏が『さむらいとヤンキー』の中で「この船の到来は、アメリカ合衆国と日本との最初の直接接触であったことは、ほぼ間違いない。しかしそれは、すぐさま日米両国間の正式国交ないし貿易に引き続いていったわけではない」と述べており、また、ハワード・ヴァンザント氏も『*Pioneer American Merchants in Japan*』の中で、「レディ・ワシントン号こそ日米関係を最初に開いた」と述べている。

レディ・ワシントン号は、アメリカ史上名高い船舶を紹介した『*Famous American ships*』や、初期の米中貿易について書かれた歴史書『*Yankee Ships in China Seas*』には、それぞれ「アメリカ北西海岸に到着した最初のアメリカ船」、「日本との貿易を試みた最初のアメリカ船」などと紹介されている。また、船長のジョン・ケンドリックについても、『*John*

Kendrick and the Maritime Fur Trade』という本が出版されており、ボストン郊外にある彼の家は海洋記念館として保存されるなど、建国期における名高い船長の一人であったことが窺える。しかし、我が国では「日米関係はペリー来航をもって始まる」というのが定説となっていたため、単なるアメリカ船の寄港に過ぎないとして人々の話題にのぼることもなく、一般には船長の名前や船名なども知られていなかった。

レディ・ワシントン号の大島寄港をめぐって、「漂着か、それとも交易を目的としたものだったのか」、また、「地域住民とアメリカ人との間に何らかの交流があったか」については、日米双方の史料に相違点も見られる。しかし、こうした点について論究するのが本章の目的ではない。建国間もない時期に、なぜ、レディ・ワシントン号が広東に派遣されたのか。また、その後、どうして日本に来ることになったのか。世界史の中でレディ・ワシントン号の大島寄港を考えてみたい。

二　アメリカ船の大島寄港

一七九一（寛政三）年三月二十七日の朝、大島近海に二隻の異国船が姿を現した。二隻は、四国方面から潮岬沖を東進し、大島の東端樫野崎を回って古座浦黒嶋沖に停泊した。

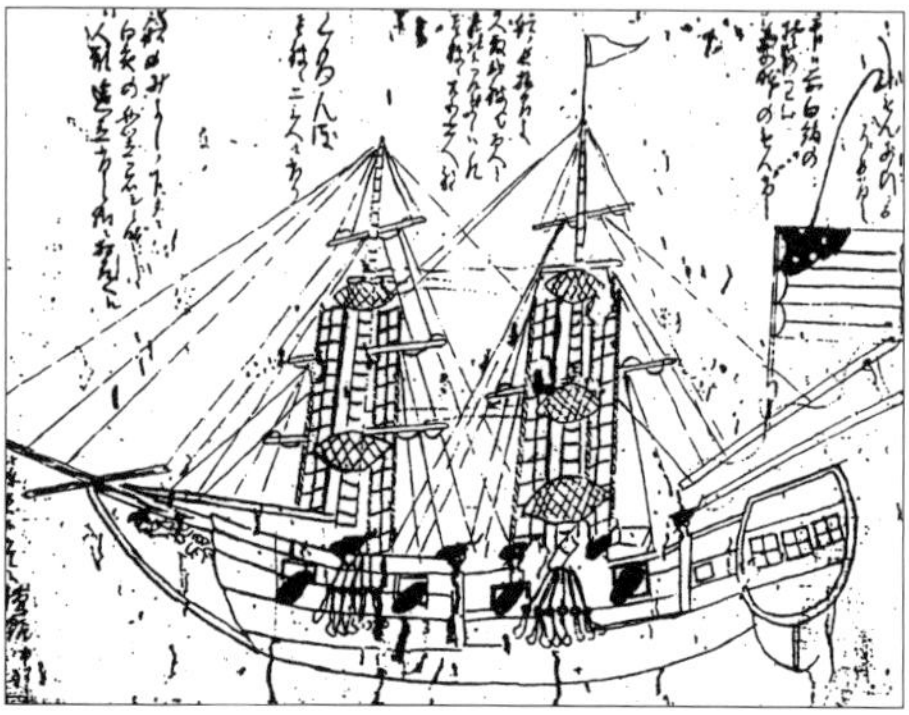

図②　レディ・ワシントン号船絵図（『小山家文書』101号）

漁船を装って偵察にやってきた村人の船に、異国船は漢字で書かれた一通の文書を投げ入れた。船には中国人も乗っていたものと思われる。そこには、「本船は紅毛船であり、中国に商に行った帰路、悪天候のため漂着した。四、五日滞留するが好風が吹けばすぐに立ち去るつもりである。船長の名は堅徳土記」と書かれていた。

　異国船の動向については地元史料からも窺うことができる。その一つである「紀南遊嚢」は、信州高遠藩士で砲術家の坂本天山によって記された。一七九八（寛政十）年から一七九九（寛政十一）年にかけて太地浦の捕鯨を視察するため紀南を訪れた際、天山が高芝村《たかしばむら》（現在の那智勝浦町下里）に住む医師の伊達李俊《りしゅん》から異国船について聞き書きしたものである。李俊は、外国語の読み書きに長けているとの理由で、村人らに請われてアメリカ船の偵察に出かけていったのである。この時、遠見番役人が描いた異国船の絵も残されているが、船の全体像や船首像もはっきりと描かれている［図②］。異国船の様子について、「紀南遊嚢」には次のように記されてある。

大島の沖に十三段に帆を掛けた異国船がやってきた。李俊が住む高芝村からも見えた。どこの港に船を着けるのか見ていると、大島の向いの沖合にしばらく停泊したのである。銅で造られた伝馬船に二、三人が乗り移り、大島の内海へ重りを付けた綱を下ろして水深を測っていた。やがて、大島の内海に船を入れようとしているので、村人らが驚き、外国語の読み書きができる者は李俊以外にはいなかったので、李俊を船で迎えに行った。この緊急事態に、李俊は大急ぎで紙と筆を余分に持って船に乗り込み、五里（約二十キロ）のところまで船を進めた。異国船の造りは珍しかった。船は二隻あったが、一隻の船首には、身長一丈（約三メートル）もの大男が甲冑を身につけ、長い剣をさして、半分抜きかけている像があった。金、銀、朱色の彩りは日の光に映えて、大変勇壮だった。他の一隻には、長さ八尺（約二・四メートル）ほどの美しい女性像があった。うしろに髪を長く垂らし、緑色の玉飾を飾っていた。身にまとった薄い美しい布は海面につくほどであった。そして手に釣り竿を持ち、一心に魚を釣っている姿をしていた。いずれの像も、真に迫る精妙な細工であった。

（『串本町史　史料編』三七〇～三七一頁）

西洋では、船首に彫刻が施されているのは、海上の安全を祈る古くからの慣行で、海魔を鎮圧・威嚇するとして、大きな目玉や海竜、聖者などの像を船首や船尾の先端に彫刻した。中世から近世にかけては、この種の迷信は薄れて装飾的な意味が強くなり、帆船商船の全盛期である十九世紀前半のクリッパー時代には頂点に達し、いずれの商船も争って秀逸、豪華、多彩な船首像をかかげて航行したという（佐波宣平『復刻版 海の英語』一三五〜一三六頁）。

二隻のアメリカ船も、船首像に守られながら、アメリカ東海岸から太平洋を越えて中国へ、さらに日本へと航海を続けてきたのである。

話は戻るが、「紀南遊嚢」には、釣り船に乗って見物に行った村人らが船内に招き入れられ、酒や食事を振るまわれたことが記されている。ただし、李俊が船に乗り移ろうとした際、船中から三人の男が舷側に出てきて布のようなものを振って乗船を拒んだというのである。村人と外国人との間に、何らかの交流があった様子が描かれているが、先にも述べたように、「紀南遊嚢」は坂本天山が伊達李俊から聞き書きしたもので、しかも、この事件からすでに七年もの年月が経っていることから、信憑性に欠けるという指摘もなされている。

対して、アメリカ側の史料である「ホスキンズの話」には次のように記されてある。

ケンドリック船長は、ニューヨークのダグラス船長の乗るグレイス号を伴って、三月にラークス湾を出港した。彼らは日本の南の海岸に入港し、その土地の人々から大歓迎を受けけた。ケンドリック船長は、その地でアメリカ国旗を掲げたが、この方面でアメリカ国旗が翻ったのは、おそらくこれが最初のことだろう。彼らは中国から日本に二百枚の上等のラッコの毛皮を運んだが、日本人はそれらの使い方を知らなかった。

（『*Voyages of the Columbia*』二三九頁）

しかし、語り手であるホスキンズはレディ・ワシントン号ではなく、一緒に出帆しながらも広東からそのままアメリカに戻ったコロンビア号に乗っていたので、日本には来ていない。日本での話は、レディ・ワシントン号の乗組員から聞いたものであり、信憑性に欠ける。

この点、最も信憑性が高いと見なされている史料が、「尾鷲大庄屋（玉置元右衛門）文書」（以下、「尾鷲文書」と記す）である。では、なぜ、「尾鷲文書」の信憑性が高いのか。

当時、紀伊半島沿岸部の大半を領有する紀州藩では海防のため浦組制度を設けていた。これは、藩内の主な岬などに遠見番所を設け、異国船を発見した時には狼煙を上げて近隣各浦々に知らせると共に、藩庁のある和歌山へは「通札《とおりのふだ》」を添えて村継ぎで注進するというシステムである。知らせを受けた各浦々では、鯨船や漁船などが手配され、合図に応じて大庄屋、浦村役人、地士帯刀人を中心に各浦々の加子や住民が駆けつけて防衛体制を整えるのである。

また、有事の際には海防における公文書が、紀州藩治世下の各浦々にリレー方式で伝達される仕組みになっていた。レディ・ワシントン号が大島に現れた際にも、公文書が各浦々に届けられ、そのうち尾鷲の大庄屋に届いたものが「尾鷲文書」に記載されている。「尾鷲文書」には、異国船発見の第一報から船が立ち去るまでの様子が生々しく記されている。「尾鷲文書」にしたがって、以下、経緯を確認したい。

異国船が大島近海に停泊したのが旧暦の三月二十七日であった。その二日後の二十九日、異国船は「かな山」付近に碇を降ろし、乗組員五名が艀船で陸に近づき、一名が上陸した。この時、たまたま、尾鷲組須賀利《すがり》浦庄屋吉之丞の息子駒太郎が、小型廻船で大阪へ商用に出かけた帰り大島に立ち寄った際、偶然にも異国船を目撃したのである。駒太郎は、翌三十日夜、須賀利に帰り着くや、直ちに見聞きしたことを父親の庄屋に報告した。驚いた庄屋吉之丞は、夜中にもかかわらず急飛脚を立てて大庄屋の玉置元右衛門に注進したのである。その内容とは、以下のようなものであった。

両船共、二十九日には、大島の金山付近にしっかり錨を下ろし、大勢の乗組員がはしけで上陸。水や薪が切れたためか、水を取ったり生松の木を切り取ったりした。こちらの人たち（日本側）が「オランダ」と声をかけたところ、どうやらその意味は分かったようだが、向こう側が「日本」と言うので、人々は「ここは日本か」と尋ねているらしい、と理解した。（中略）両船に近づくことは出来ない（厳しい警戒のためか）ので遠くから見ていたが一隻は積荷を満載、もう一隻は六合積みくらいで、大島へ入港したいらしい様子に見えた。しかし、大島浦では仕事をすべて取りやめ、浦の様子を一切見せないように取り計らっており、早く出帆するよう、手まねで指示したが、一向に出て行く気配はなかった。（中村久雄「レディ・ワシントン号大島来航の史実　上」）

翌三十日、異国船は突如大島の通夜島《つやじま》と出雲の間あたりに移動し、午後四時頃、大砲らしいものを十五、六発鳴らしたが空砲のようであった。奥熊野の郡奉行戸口与六兵衛は、管内の大庄屋にあてて、「この様子では、いつどこの浦に立ち寄るか、見当もつかない。

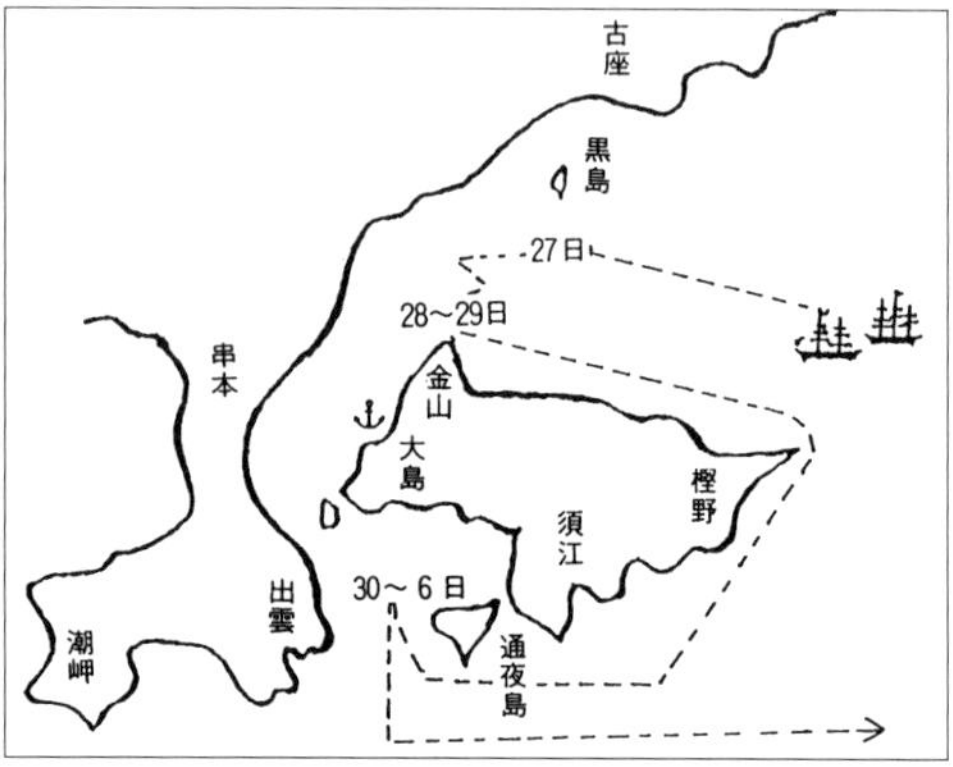

図③　アメリカ船入港見取図（『串本』238号、1992年11月）

各浦々は、港の入り口に見張りの船を一艘ずつ張り付け、地元の武士たちとも十分申し合わせておけ」と緊急通達した。

「紀南遊嚢」では、村人と外国人船員との間の友好的な雰囲気も記されているが、「尾鷲文書」では、緊迫した様子が描かれているのである。

次に、アメリカ船に対する紀州藩の対応であるが、『南紀徳川史』によると、異国船が入港したのが三月二十七日の朝で、この報告が和歌山に届いたのは四月四日であった。報告を受けた紀州藩では、即刻目付役ら武士団十五人を派遣したが、八日に串本に到着した時、異国船はすでに出帆した後だった。

「尾鷲文書」にも、大目付を筆頭に、鉄砲役人、伊都、海士両郡奉行とその配下、沿岸の地士五十人を含む八十人あまりが陸路派遣され、串本に着いたときは異国船は立ち去っていたとある。

「海路ならば、和歌山から串本まで二日ほどで到着するのに、トラブルを恐れて陸路をとったのではないか」との見方もなされているが、異国船寄港から出帆までの間の紀伊半島南部の天候、風波なども大きな要因となってくる。アメリカ船がやってきた三月二十七日は、『小山家文書』一八四号（神奈川大学所属）によると「三月廿七日ハ辰巳風大風雨ニテ、霞掛リ、沖合一同相分リ不申候」と記されていることからもわかるように、天候が悪かったのである。

広東からアメリカへの帰路、大島沖を航行中の二隻のアメリカ船は悪天候を避けて、大島と古座の間にある黒島近くに停泊したのである。アメリカ船が寄港した日からしばらく、天候が悪かったとすれば、海路がつかえず陸路をとらざるをえず、異国船発見の一報が和歌山に届くのが遅れたのも、また、紀州藩が派遣した武士団が串本に到着するのが遅れたのも納得できる。

アメリカ船の寄港が、その後の日米関係の端緒であったことは、アメリカ側の史料からも知ることができるが、串本町史編纂委員長の中村久雄氏は、「米国の文献の記録はほとんどがケンドリックや乗組員たちからの伝聞で構成されている。従って真実に今一つ遠い。（中略）これが日米の初接触であった、と認めても、日米交渉、或いは通商、友好の初まり、などという説は、いささか飛躍に過ぎよう」（「レディ・ワシントン号大島来航の史実　下」）

と指摘している。二隻のアメリカ船は、大島近海に十一日間滞留した後、四月六日、好風を得て立ち去った。その後、三木崎（尾鷲市）で確認されたのを最後に日本の記録にはない。

三　茶と毛皮貿易

レディ・ワシントン号の目的は中国貿易にあった。十八世紀末の中国は清朝六代乾隆帝の時代であり、広東は乾隆帝の貿易制限令（一七五七年）によって外国に開かれた中国唯一の貿易港として繁栄していた。清朝政府は中国に来航する外国船を「朝貢」と見なし、貿易統制を行っていたのである。外国船は、入港税をはじめ、船の大きさに応じた税や貨物価格の一五％にあたる税などを公用銀で徴収された。こうした関税の支払いや外国人との手続きは、公行《こうこう》と呼ばれる特権商人が取り仕切り、公行の仲介を経なければ交易はもとより官憲と交渉することさえもできなかった。交易をスムーズに済ませたい外国商人たちは公行に賄賂を贈るが、公行もまた官憲から搾取され、中には破産する者もいたという。中国貿易は大変複雑な上に、官僚も商人も大いに腐敗していた。このような貿易上の障害にもかかわらず、ヨーロッパ諸国が広東に船を派遣したのは、茶や陶磁器、南京綿などの中国製品が大きな利益を生んだからである。中でも茶は、ヨーロッパで流行した中国趣味も手伝って、ファッショナブルな飲み物として人々に愛好され、十八世紀にはイギリス人の日常生活に欠かせないものとなっていた。

イギリスで茶が一般大衆にまで広がるようになったのは、一七八四年にウィリアム・ピット政府が出した帰正法（コミュテーション・アクト、軽減条例）によるところが大きい。当時、すでに国民的飲料となっていた茶を奢侈品と見なし、高額の課税を行うことは好ましくなく、また密輸を防ぐ目的から、ピット政府は茶の輸入関税を一一九％から一挙に一二・五％へと大幅に引き下げた（角山栄『茶の世界史』一〇三頁）。その結果、茶の値段は百ポンドあたり二十七ポンド十シリングから十二ポンド十シリングに下がり、イギリス東インド会社による輸入は一気に三倍に増えた。その後も茶の輸入は激増を続ける。一七二五年にイギリス東インド会社が中国から輸入した茶の輸入額は二十五ポンドほどであったが、八十年後の一

図④　貿易港として賑わう広東（『*Hail, Columbia*』）

八〇五年には、二千四百ポンドに達した。このように広東繁栄の裏には、イギリスにおける茶の流行があったわけである。

茶は、当時、イギリス東インド会社の独占物で、その主な消費市場はヨーロッパとアメリカであったが、アメリカに運ばれた茶は、独立戦争以前は「航海条例」によって一旦ロンドンに運ばれた後、再びアメリカに送られた。一七六〇年当時、イギリス国内における茶の消費量は千七百五十トンほどであったが、その内、イギリスからアメリカへ向けて再輸出されたものが、四分の一を占めた。つまり、独立直後にアメリカ商人たちが真っ先に広東を目指したのは、イギリス東インド会社による茶の独占に割り込み、自国船で茶を直接輸入して一儲けしたいと考えたからである。

また、広東は、極東唯一の毛皮交易の市場であった。十八世紀のヨーロッパでは毛皮の大流行が起きていた。ロシア皇帝エカチェリーナ二世が裾まであるラッコのケープを注文し、またフランスのルイ十五世の寵妃ポンパドール夫人が「カナダは毛皮をもたらす有用な土地である」と言ったという話からも、その様子が窺える。また、アメリカ独立戦争期の駐仏大使ベンジャミン・フランクリンが被っていたビーバー帽がパリで大流行したことも広く知られている。

ヨーロッパにおける最大の毛皮市場であったイギリスでは、ビーバー帽は国内はもとより海外へも輸出され、その輸出高も一七〇〇年には五千七百八十六ダースであったものが、一七五〇年には四万六千三百二十四ダースと大きく伸びている。ちなみにビーバー帽の値段は四十五ポンドで、これはロンドンの熟練石工の六週間分の賃金に相当したといわれ、庶民の生活と縁遠かったことが窺える。このような毛皮の流行は、北米ではビーバーの捕獲地域をめぐる英仏間の戦争（フレンチ・インディアン戦争、一七五四〜六三年）にまで発展したのであった。

図⑤「柔らかい宝石」とも呼ばれたラッコ（『*Hail, Columbia*』）

列強の中でも、毛皮の獲得に最も熱心だったのはロシアである。十六世紀にはじまるロシアのシベリア遠征は黒貂《くろてん》の毛皮を求めたものであるが、ベーリングやチリコフの探検によって、カムチャッカ半島周辺やアリューシャン列島一帯でラッコやアオギツネ、アザラシなどの毛皮動物が大量に生息していることが報告されると、ロシア政府は「露米会社」（一七九九年）を設立しラッコの捕獲に乗り出した。ラッコは「柔らかい宝石」ともいわれ、中国やヨーロッパでは「毛皮の王」としてもてはやされていたのである。

当時のヨーロッパ人は、アメリカを「ファー・カントリー（毛皮の国）」と見なし、ビーバーやラッコなどの毛皮動物が数多く生息する土地と考えていた。アメリカ北西海岸には、イギリス、フランス、スペイン、ロシアなどの国々がラッコを求めて進出し、ラッコ争奪を繰り広げた結果、紛争にまで発展しかけたという。しかし、アメリカが新たにこの地域での毛皮交易に参入するやヨーロッパ勢力はしだいに圧倒され、十九世紀半ばには、オレゴン、アイダホ、ワシントンなどの州がアメリカの領土となった。

ちなみに、アジアにおける毛皮の需要はどのような状況だったのか。十六世紀の中国で書かれた李時珍の『本草綱目』の中にも、毛皮の需要が大きかったことが記されてある。明代以降の中国においても黒貂の毛皮が流行したが、中国ではヨーロッパのように毛皮をまるごと衣服としては用いず、襟や袖といった衣装の装飾に使われたようである。十八世紀の中国では特に満州貴族に需要が多く、またヨーロッパ向けの輸出品として広東で取引された。

我が国では、平安時代に渤海国《ぼっかいこく》から黒貂や熊の毛皮が入り、貴族たちが興味を示したということが司馬遼太郎著『ロシアについて』の中に記されているが、日本人は毛皮の使い道を知らなかったようである。

平安朝盛期の延喜十九（九一九）年、渤海使に対する招宴がひらかれたのは陰暦真夏の五月十一日であったのに、ある親王はいきがって八枚つづりの黒貂の裘衣を着込んで出席し、大汗をかいていた。黒貂の裘衣はぜいたくなものとして、漢籍にも出てくる。そのような中国文献による文字情報によって、当時の日本の貴族は身分の象徴だとおもっていたから、猛暑の日にこれを着こんで公式のパーティに出たのである。しかし一般的には毛皮などほしがらなかった。　（九三頁）

一般の日本人は毛皮を欲してはいなかったようである。しかし、明治以降は西欧文明の影響もあって、襟巻やシルクハットが流行し、ラッコの毛皮で作られた襟巻は金持ちのステイタス・シンボルとみなされた。そのため、明治三十年頃、日本各地の港から「ラッコ船」が千島列島付近に出漁し、下里（那智勝浦町）出身の橋本才五郎はラッコ撃ちの名人としてその名を成し「ラッコ・サイベイ・ジャパン」と賞賛されたという。

十八世紀末から十九世紀末にかけて、アメリカ、イギリス、ロシアなどの国々が、アメリカ北西海岸からカムチャッカ半島や、千島列島に至るまでラッコ猟に熱を入れた結果、二十世紀初頭にはラッコの数は約千頭にまで激減し、その結果、一九〇〇年にはラッコ保護のための国際条約が結ばれることになった。

四　レディ・ワシントン号派遣の背景

ニューイングランドと海事活動

米中関係の始まりは、正式には一八四四年に締結された望厦条約からである。しかし、建国直後にアメリカ船が広東をめざし、十八世紀末にはイギリス以外のヨーロッパ諸国を圧倒するまでになっていた。なぜ、アメリカ商人たちは広東をめざしたのか。ここではレディ・ワシントン号の中国派遣の背景として、アメリカの海事活動や建国直後の社会的・経済的状況について述べる。

北米植民地と言っても南部と北部では、地勢や気候の差によって植民地の性格も異なっていた。肥沃な土壌と温暖な天候に恵まれた南部は、作物の成長期も長く農業が発達したが、対して北部ニューイングランド地方の風土は厳しく、南部に比べて農業はすこぶる劣っていた。しかし、北東に位置するニューファンドランドの洲は、世界有数の漁場であり、人々は漁業や貿易といった海の仕事に従事した。当時、キリスト教圏では肉食を制限・禁止する斎日、いわゆる「フィッシュ・デイ」[*1]が一年の半分以上あり（下山晃『毛皮と皮革の文明史』二二七頁）、バルト海のニシンが獲り尽くされた十六世紀以降においては、ニューファンドランドをはじめ、ニューイングランド近海での水産資源の開拓は、ヨーロッパ各国にとって焦眉の急であった。この海域での主な漁獲物は、「ホーリー・コッド（聖なるタラ）」と呼ばれたタラの他に、サバ、スズキ、ヒラメなどで、上等なものはヨーロッパへ送られ、下等なものは西インド植民地で働く奴隷の食糧として輸出された。

北米植民地における漁業の発達は、一七〇〇年の輸出用漁獲物が、一千万トンに達してイギリスを上回り、また一七七五年にはタラ漁だけで四千四百人が雇われ、六百六十五隻の漁船が操業していたことからも、その盛況ぶりが窺える。このような漁業の発達に伴い樽板や桶などの製造業も発達したのである。

ニューイングランドにとって、もう一つの重要な産業は捕鯨であった。十八世紀当時、「クジラは夜会の必需品」といわれ、ランプや灯台などの光源、また女性のスカートの骨としても重宝された。中でもマッコウクジラの頭部にある固形物を原料とした蝋燭は、炎も大きく良質で高値で取引されたため、ヤンキー（ニューイングランド地方に住む人々をいう）たちは、クジラを求めて世界中いたる海域に進出した。独立戦争の頃には、すでに捕鯨船の数は三百六十隻に達し、その総トン数は三万三千トン、乗組員数は約四千七百人、年間の生産高はマッコウクジラの油七千五百トン、セミクジラの油千六百トンで、漁場はニューファンドランドからフォークランド諸島にまで及んだ。

アメリカ捕鯨船がホーン岬を通過し、太平洋に進出するのは一八二〇年代に入ってからである。ハワイから日本近海までの海域は、クジラが多く生息したため、多くのアメリカ捕鯨船が太平洋をめざした。一八四〇年代には毎年百隻あまりのアメリカ捕鯨船がこの海域に向けて出港したという。ジョン万次郎らの漂流民を救ったニューベッドフォードのジョン・ホーランド号もこうした捕鯨船の一つであった。

ニューイングランドにおける漁業や捕鯨業、そしてこれらの商品を運ぶ貿易業の発達は、多くの船舶を必要としたため、造船業も興った。北米大陸の中部以北は、オークなどの木材が豊富で、ピッチやタール、麻など造船に必要なものがそろっていたことは、この地域の造船業発達の要因となったのである。イギリスはかつて造船資材を北欧・バルト海地域からの輸入に頼っていたが、オランダ勢力に圧倒されたため、一七〇四年に海軍造船資材法を発布して、北米植民地を造船資材の供給源とした。これによってニューイングランドの造船業はさらに発展し、ボストン、セーラム、ニューヨーク、フィラデルフィアなどの都市がその中心となったのである。例えば、一七六三年から独立戦争までの期間に、植民地では年平均四万トンの船舶が建造されたが、そのうち少なくとも一万八千三百トン、価格にして十四万ポンドが輸出されたと言われている。植民地で造られた船の価格はイギリスに比べて二〇～五〇％も安かったため、船自体が有力な輸出品となったのである。

経済不況からの脱出

独立戦争の勝利は、アメリカ経済にとっては大きなマイナスであった。なぜなら、独立直後、米英貿易は再開されたが、イギリス製品が大量に輸入されたのに対し、アメリカ製品の輸出は伸びず貿易収支は悪化したからである。独立戦争前には年平均五百四十万ドルあった輸出額は、一七八〇年代には平均四百五十ドルと約二〇％減少した。西インド諸島への輸出額も年額二百二十万ドルから百四十万ドル、さらに一七九三年には百二十万ドルにまで大きく減少した。これは一七八三年の枢密院令により、イギリス政府がアメリカとイギリス領西インド諸島間の貿易規制を強化したためである。イギリス製品の輸入超過は、アメリカ国民が戦時中に輸入できなかった本国製品に対する渇望が大きかったためであり、この点についてサムエル・モリソンは、

一七八三年の五月から十二月までに、二十八隻のイギリス商船が、ボストン港だけで、五十万ドル相当の貨物を持ち込み、そのほとんどが贅沢品であったが、戦争で打撃を

受けた一万人の町の人々が買いあさった。

（『*The Maritime History Of Massachusetts*』三三五頁）

とイギリス製品に対するボストン市民の購買欲のすごさを記している。

当時のイギリス首相フレデリック・ノースは「アメリカ人はイギリスとの貿易を拒否した。だから、彼らには他のいかなる国とも貿易させないのが公正というものだ」（『コロンブスからカストロまで』二九七頁）と述べ、貿易統制を強化するが、イギリス本国では産出しないマスト用の木材、ピッチやタールなどの航海用品の輸入は認められていた。

アメリカ経済回復の兆しは、南部や中部でいち早く現れた。例えば、バージニア州の輸出額が、一七八六年までに革命前の金額をしのぐ繁栄を取り戻すことができたのは、タバコやインディゴ、米などの農産物、ピッチやタールなどの航海用品を世界中のどの地方よりも安く供給できたからである。しかし、漁業や海運、造船といった海事活動で生計を立ててきたマサチューセッツ州の輸出額は、戦前の四分の一にも達せず、かつてない不況に襲われた。貿易商人たちはタラの市場であった西インド諸島を、そしてクジラの市場であったイギリスをも失った。造船業も革命後しばらくは行き詰まりの状態で、独立戦争前のボストンでは毎年百二十五隻の船舶が竣工していたが、一七八四年には四十五隻に、さらに八五年には十五隻と大きく減少した（『*The Maritime History Of Massachusetts*』三四頁）。

マサチューセッツ州にとって海上貿易は生命線であり、州の発展は海にかかっていた。それゆえに、沿岸諸都市の沈滞は内陸の農業をも不況に陥れ、農民反乱（シェイズの乱）も勃発した。一七八五年、ニューヨークの商業会議所は、「神の御恵みによってわが国に平和と独立がもたらされたにもかかわらず、この御恵みは今までのところ商業の繁栄や成功には及んではいない」（『アメリカ経営史』上、一一四〜一一五頁）とアメリカ経済の先行きを心配するコメントを出した。逼迫した経済不況のもと、北部の商人たちは、イギリスや西インド諸島にかわる新たな市場を開拓するため、フランス、オランダ、スウェーデン、プロシア、モロッコ、さらにバルト海沿岸諸国との貿易を試みて船を派遣したが、アメリカ商人たちを強く引きつけたのは中国であった。

五　米中貿易の端緒

アメリカの中国進出は、独立直後から始まっていた。独立戦争が終わった一七八三年から連邦政府が発足する一七八九年までの間、北部十三州は「連合規約」によって主権並びに独自の課税権や通商統制権などが認められており、半独立の状態にあった。各州は国家の利益よりも自州の利益を追求し、中国への商船派遣も各州・各都市の商人たちによって独自に行われていたのである。中国に向けて最初に送り出されたアメリカ船は、一七八三年十二月にボストンを出港したハリエト号（四十トン）である。この船は薬用人参を積んで広東を目指すが、喜望峰に着いた時、広東から帰国途中のイギリス東インド会社の船団に遭遇した。アメリカ船の中国貿易への参入を恐れたイギリス東インド会社は、ハレット船長に対し、積み荷の人参をその二倍の額に相当する茶と交換するという取引を申し出た。その結果、ハレット船長は労せずして巨利を得たが、中国への一番乗りという栄誉を失ったのである（『*Hail, Columbia*』二九頁）。

最初に広東に到着したアメリカ船は、ニューヨークとフィラデルフィアの商人たちが派遣したエンプレス・オブ・チャイナ号（三百六十トン）である。この船は独立戦争を財政面で支援し、連合政府の下で財務長官を務めたロバート・モリスが中心となって、十二万ドルの資金を元に広東に送り出された。一七八四年二月二十二日、ニューヨークを出港したエンプレス・オブ・チャイナ号は、カナリア諸島、喜望峰を通過し、八月二十八日、広東に到着した。積み荷は、薬用人参四百七十三ピクル（一ピクル＝六十キロ）、鉛四百七十六ピクル、羽紗千二百七十枚、毛皮二千六百枚、その他ブランデー、ワイン、タールなどの貨物と二万ドルの硬貨であったと記録されている。広東から積み出したものは、紅茶二千四百六十ピクル、緑茶五百六十二ピクル、綿布八百六十四枚、磁器九百六十二ピクル、絹織物、桂皮（シナモン）等であった。この航海でエンプレス・オブ・チャイナ号は、三万七百二十七ドルの利益を上げ、これがアメリカ商人たちが中国へ向かう契機となった（『*Yankee Ships in China Seas*』一九頁）。

次に広東を目指したのは、ニューヨークの商人たちによって派遣されたエクスペリメント号（八十トン）である。スチュアート・ディーン船長以下わずか十五人の乗組員で、薬用人参と毛皮と銀貨を積んで広東に向かったが、船があまりにも小さかったので広東では付属船と見誤られたほどである。しかし、広東の役人が小さなエクスペリメント号にも五百トン級の船と同額の税金を課徴したので、貿易での利益は全部なくなってしまったという（『*Yankee Ships in China Seas*』二二一〜二二五頁）。

続いて、広東貿易から上がる利益に目を付けたセイラムの大商人エリアス・ハスケット・ダービーは、グランド・ターク号（三百七十一トン）を派遣した。グランド・ターク号が、ハイソン茶やシルクのガウン、陶磁器のセットなど、当時のアメリカ婦人たちの垂涎の的であった商品をもたらし、莫大な利益を上げたことで、商人たちは一層広東へと向かうことになった。

H・B・モースの研究によると、広東に入港したアメリカ船は、一七八四年にはエンプレス・オブ・チャイナ号一隻のみであったが、一七八六年に五隻、一七八七年には二隻、一七八八年には四隻と引き続き来航し、一七八九年には十五隻のアメリカ船が入港したという（『アメリカ海運通商史研究』三四二頁）。その後も、広東へやって来るアメリカ船は後を絶たず、一七八四年から一七九二年までに広東に来航したアメリカの船舶総数は、イギリスの三百八十隻には及ばないが、かつてアジア貿易を独占していたオランダの三十五隻を上まわる四十三隻であった。この中にレディ・ワシントン号やコロンビア号も含まれていたことは言うまでもない。アメリカはヨーロッパ諸国に比べ、中国進出が遅れたにもかかわらず、次第にヨーロッパ諸国を凌駕するまでに成長するが、そこには対中国貿易の利益の大きさと同時に、若きアメリカのエネルギッシュな一面が窺える。

中国貿易に従事した船は、イギリス東インド会社船イースト・インディアマンが八百トンから千トン級の大型船であったのに対し、アメリカ船は小型のスクーナーやブリガンテインで、大きくてもせいぜい三百トン、中にはレディ・ワシントン号やエクスペリメント号のように百トン未満の船もあった。

アメリカ船による広東貿易は、イギリス東インド会社のように組織的ではなく、少数の商人たちの出資によってまかなわれた小規模なものであり、運賃もアメリカ船の方がはるかに安かった。例えば広東から輸入する茶の運賃は、イギリス東インド会社船では一トンにつき二十三ポンドから二十五ポンドであったのに対し、アメリカ船は十ポンドから十一ポンドであったという。彼らが広東で買ったものは主に緑茶であるが、中でもボヒー茶やハイソン茶といった大衆茶が多くを占めていた。また、「ナンキーン」と呼ばれる厚手の綿布も輸入されたが、これはイギリスやアメリカでは紳士の乗馬用ズボンに使われ流行した。現在でも厚手の綿ズボンを「チノーズ」と呼ぶが、これは「チャイナ」が語源となっている。

アメリカから中国への輸出品の中心は、はじめは、アメリカ産薬用人参（朝鮮人参のようなもの）であった。しかし、サムエル・モリソンも「中国人は野生の人参が男性の活力を回復させると信じていたが、採れる量も少なく望みどおりの効果もなかった」（『アメリカの歴史』上、九六頁）と記しているように、人参はアメリカ商人たちが期待したほどの利益をもたらさなかったようである。そこでボストン商人たちが人参に代わる新たな輸出品として注目したのが、ラッコの毛皮であった。

六　コロンビア号とレディ・ワシントン号

広東貿易に先鞭をつけたエンプレス・オブ・チャイナ号、エクスペリメント号、グランド・ターク号などの船が、アフリカ南端の喜望峰からインド洋を経て中国に向かったのは、バスコ・ダ・ガマ以来、このルートが安全な航路として定着していたからである。また、当時、太平洋は未開の海域として、船乗りたちから恐れられてもいた。ところが、一七八五年、イギリス人船長ジェームズ・ハンナが小型の商船ハーモン号で広東から太平洋を通りアメリカ北西海岸へと航海し、原住民から獲得した五百六十枚のラッコの毛皮を再び広東に持ち帰り、二万六百ドルで売ったというニュースは、アメリカ商人たちの太平洋に対する恐怖心を幾分か和らげた（『*Hail, Columbia*』三二頁）。同じ頃、ジェームズ・クックの三度目の航海記が出版され、その中に「アメリカ北西海岸で原住民から買ったラッコの毛皮が中国では一枚百ドルで売れる」と記されていたことも、ボストン商人たちが太平洋経由で中国をめざす動機となった。

広東貿易では、すでにニューヨークやセーラムに後れを取っていたボストン商人たちは、早速、大商人ジョセフ・バレルを中心に新たな貿易の企画にとりかかった。それは、従来のようなアフリカ経由ではなく、ホーン岬を回りアメリカ北西海岸でラッコの毛皮を獲得した後、太平洋を横断して広東に向かうというものであった。この計画については、ジョージ・ワシントン（当時まだ大統領になっていなかった）も応援し、また駐仏大使であったトマス・ジェファーソンも中立国船舶証明書を発行して積極的に航海を支援した。彼らは、未知なる太平洋岸地域の情報収集と新たな中国貿易に期待していたのである。

この頃、アメリカ北西海岸へは、イギリス人のジェームズ・クックやジョージ・ヴァンクーヴァーが海岸に沿って航海し、カナダではアレクサンダー・マッケンジーが、一七九三年にブリテッシュ・コロンビアの中央部にあたる海岸まで大陸を越えて到着していた。またロシア人たちは、一八一二年、カリフォルニアの海岸まで南下し、アラスカの原住民と砦を造って生活を始めるなど活発に進出していたのである。このようなアメリカ北西海岸へのヨーロッパ列強の進出は、建国直後のアメリカのリーダーたちにとって大きな焦りの要因となっていたものと思われる。その証拠に、ジェファーソンが大統領に就任直後の一八〇四年、ミシシッピー川流域から太平洋岸に至る道を探索するため、ルイスとクラークの探検隊を派遣している。この探検は西部開拓史の最初の一頁を飾る出来事と言えるが、これにコロンビア号とレディ・ワシントン号の航海は、これに十八年も先立つことであり、まさに海のフロンティア探索の始まりであったと言えよう。

図⑥　コロンビア号（左）とレディ・ワシントン号（右）（『*Hail, Columbia*』）

さて、ボストン商人たちは中国に向けた遠征のために、コロンビア号とレディ・ワシントン号の二隻を仕立てた。コロンビア号の船長兼総指揮官にはジョン・ケンドリックが、レディ・ワシントン号の船長兼副官にはロバート・グレイが任命された。ケンドリックには、商人たちが造らせた銀製のメダルが渡されていた。メダルの表面には二隻の船名と指揮官ケンドリックの名前が刻まれ、裏面にはジョセフ・バレルを含む六名の商人たちの名前と太平洋への航海に向かうことを証明する言葉が刻まれていた。メダルの一つを贈られたジョージ・ワシントンは、感謝の気持ちと共に航海の成功を願う気持ちを表明した（『*Hail, Columbia*』一六二頁）。

出港に先立ち、アメリカ議会が二隻に私掠許可状[*2]を与えたのは、航海の前途が決して安泰でないことが予想されたからである。建国直後のアメリカは十三州の緩やかな連合体であり、また、海軍省も設立されてはいなかったため、各州、各都市は、自前の船に武装を施し、私掠許可状を与えて自衛手段をとらせていたのである。

一七八七年十月、ボストンを出港したコロンビア号とレディ・ワシントン号は、ホーン岬を越え、太平洋を北上し、一七八八年八月、アメリカ船としては最初に北西海岸に到着した[*3]（『*Voyages of the Columbia*』一六二頁）。コロンビア号とレディ・ワシントン号の派遣は、単にボストン商人たちの目先の利益によるものでなく、アメリカの将来にとって有益となるであろうアメリカ北西海岸の探索と太平洋経由による中国貿易の確立を目指す、国家的プロジェクトとも言える任務を帯びていたのである。

このことは、十九世紀半ば、ワシントン州、オレゴン州、アイダホ州などの領有権をめぐり、スペイン、イギリス、アメリカが争ったとき、ケンドリック船長がこの航海のときにチラムック・インディアンから買った土地購入証書がアメリカ側の強い請求権となり、やがて三州はアメリカ領土となったことからもわかる。

七　レディ・ワシントン号の歴史的意義

串本駅前に、串本ロータリー・クラブによって造られたレディ・ワシントン号のブロンズ像がある〔図⑦〕。この像は、一九九一年に大島寄港二百年を記念して建てられた。串本町はアメリカ総領事グレゴリー・L・ジョンソン夫妻を迎え、「日米修交二百年式典」を催した。総領事らは日米修交記念館を訪れ、地元の人たちの歓迎を受けながら記念植樹を行うなど、日米友好の地にさらなる親善の歴史を加えた。記念式典には、町職員有志によって作られた十分の一の大きさのレディ・ワシントン号の模型も登場するなどして、総領事夫婦らを喜ばせた。この時、「歴代アメリカ総領事は在任中に必ず大島の日米修交記念

図⑦　串本駅前のレディ・ワシントン号のブロンズ像（筆者撮影）

館を訪問する」という決定もなされた。また、一九九四年の春には、レディ・ワシントン号船長ジョン・ケンドリックの七代目の子孫であるアルフレッド・ケンリック夫妻[*4]も大島を訪れるなど、レディ・ワシントン号を通した国際交流は深まりを増している。串本町議会は、一九九二年三月五日、「小・中・高校の教科書改訂の機会に、串本町大島へのアメリカ船初来航の史実を正しく記述すること」を求める意見書を、文部省をはじめとする関係各機関に提出する決議案を採択した。

　レディ・ワシントン号は、日本にやってきた最初のアメリカ船であり、串本町は日米最初の出会いの地であった。しかし、アメリカ側から見れば、十八世紀末の日本は中国の影に隠れた極東の一島国に過ぎず、あまり注目してはいなかった。アメリカが日本に関心を持ち始めるのは、十九世紀以降であり、アメリカ捕鯨船が「ジャパン・グラウンド」へ進出し、日本近海での捕鯨活動に伴って起きる漂流民の救済や、蒸気船の燃料及び食料基地として注目するようになってからである。十八世紀末のアメリカにとっては、日本よりも未知なるアメリカ北西海岸への進出と中国貿易こそが関心事であった。

つまり、レディ・ワシントン号は「最初に日本にやってきたアメリカ船」ではあるが、世界史的な視点から言えば、アメリカ北西海岸へ最初に到着し、ネイティブ・アメリカンとの毛皮貿易を確立し、手に入れたラッコの毛皮を太平洋経由で広東へ運んだパイオニアシップなのである。

とはいえ、出資者であるボストン商人がケンドリックに宛てた手紙の中に、「日本での商売の可能性を探るように」とあるように、日本との交易も視野に入っていたことは十分考えられる。フォスター・ダレスも「ケンドリックほど進取の気性に富み、野心的で、商売となれば機敏に、しかも徹底的に追求するといった船乗りは他に類がなかった」と述べている（『さむらいとヤンキー』一三頁）。ケンドリックは建国期における有名な冒険商人の一人であったのだ。レディ・ワシントン号の大島寄港は、建国直後の若きアメリカのエネルギッシュな姿を象徴する事件であったと言えよう。

＊1　「フィッシュ・デイ」については、十六世紀末のイギリスの地理学者ハクルートも「西方植民論」の中で記している（一二九頁）。
＊2　「私掠許可状」とは、政府または政府に類似した機関が与えた合法的な略奪許可状。つまり敵国の軍艦

や商船を拿捕・略奪しても海賊とは見なされないのである。国際法が成立する十九世紀ごろまでは、各国で盛んに発行されていた。アメリカ独立戦争期間中、大陸会議は民間船に私掠許可状を与え、弱い海軍力を補った。アメリカの私掠船は最盛期には千隻を超えたという（堀元美『帆船時代のアメリカ』上、一八九頁）。

＊3 ケンドリック船長は北西海岸で獲得した毛皮をコロンビア号で先に広東に運ぶよう副官のグレイに命じた。その後、ケンドリックはレディ・ワシントン号で広東に毛皮を運ぶが、グレイと会うことはできなかった。グレイは勝手にアフリカ周りで帰国し、結果的にアメリカ船としては初めて世界一周を成し遂げた。

＊4 アルフレッド・F・ケンリック氏は、ケンドリック船長から数えて七代目にあたる。ケンドリック家は古い家柄で、家名の表記法にも、ケンドリック、ケンリック、ケンウィック等々いくつかあったが、当時は名前の書き方にかなりの自由が許されていたようで、一家の者がそれぞれ好みの表記法を使った（佐山和夫「ジョン・ケンドリックについて」）。

第二章

外国人が見た幕末・明治の串本と大島

一　はじめに

幕末から明治のはじめにかけて、本州最南端の串本・大島が、『イラストレイテッド・ロンドン・ニュース』や『ファー・イースト』などの外国雑誌で紹介され、写真やイラストが掲載されていたことはあまり知られていない。近年、幕末・明治の日本を写したフェリックス・ベアトの写真集やイギリスの外交官アーネスト・サトウの日記など、「外国人が見た幕末・明治」に関する書籍や写真集が出版され注目も浴びているが、ここに登場するのは江戸、大阪をはじめ、横浜、神戸、長崎といった開港場が中心で、紀伊半島の先端にある串本・大島は歴史の外に置かれていたかのような感がある。

ところが、一八六四年にロンドンで出版された挿画入り雑誌『イラストレイテッド・ロンドン・ニュース』には、橋杭岩《はしぐいいわ》や潮岬《しおのみさき》灯台のイラストが描かれ、また明治初期に、横浜外国人居留地で発行された写真入り英字新聞『ファー・イースト』にも、串本の風景や樫野埼《かしのざき》・潮岬両灯台の写真が掲載されている。

なぜ、政治や経済の中心地から遠く離れた串本・大島が、外国雑誌に紹介され、写真やイラストが掲載されたのか。また、どうして、串本・大島に洋式灯台が建設されたのか。

本章では、『イラストレイテッド・ロンドン・ニュース』や『ファー・イースト』などに紹介された串本・大島のイラストや写真を紹介すると共に、この地域に洋式灯台が建設された理由について考察したい。

二　「瀬戸内海東入口にある大島の港」

『イラストレイテッド・ロンドン・ニュース』は、一八四二年に創刊され、週刊絵入り新聞として、今日まで命脈を保っている著名なイギリスの定期刊行物である。

この『イラストレイテッド・ロンドン・ニュース』（一八六四年十一月十九日号）に、「日本の風景」と題して三枚のイラストが掲載された〔図①〕。上からそれぞれ「明石の大名の宮殿」「瀬戸内海東入口にある大島の港」「日本の捕鯨用小舟」という題と短い解説がつけられている。

第一のものは、瀬戸内海の東の入口に近いアガシ（明石）という場所で見た大名たちのひとりの宮殿を示す。第二のものは、大島（潮岬対岸）の港の眺めであり、独特の天然の石の防波堤（橋杭岩のこと）がある。最後のは、瀬戸内海沿岸の捕鯨業で、日

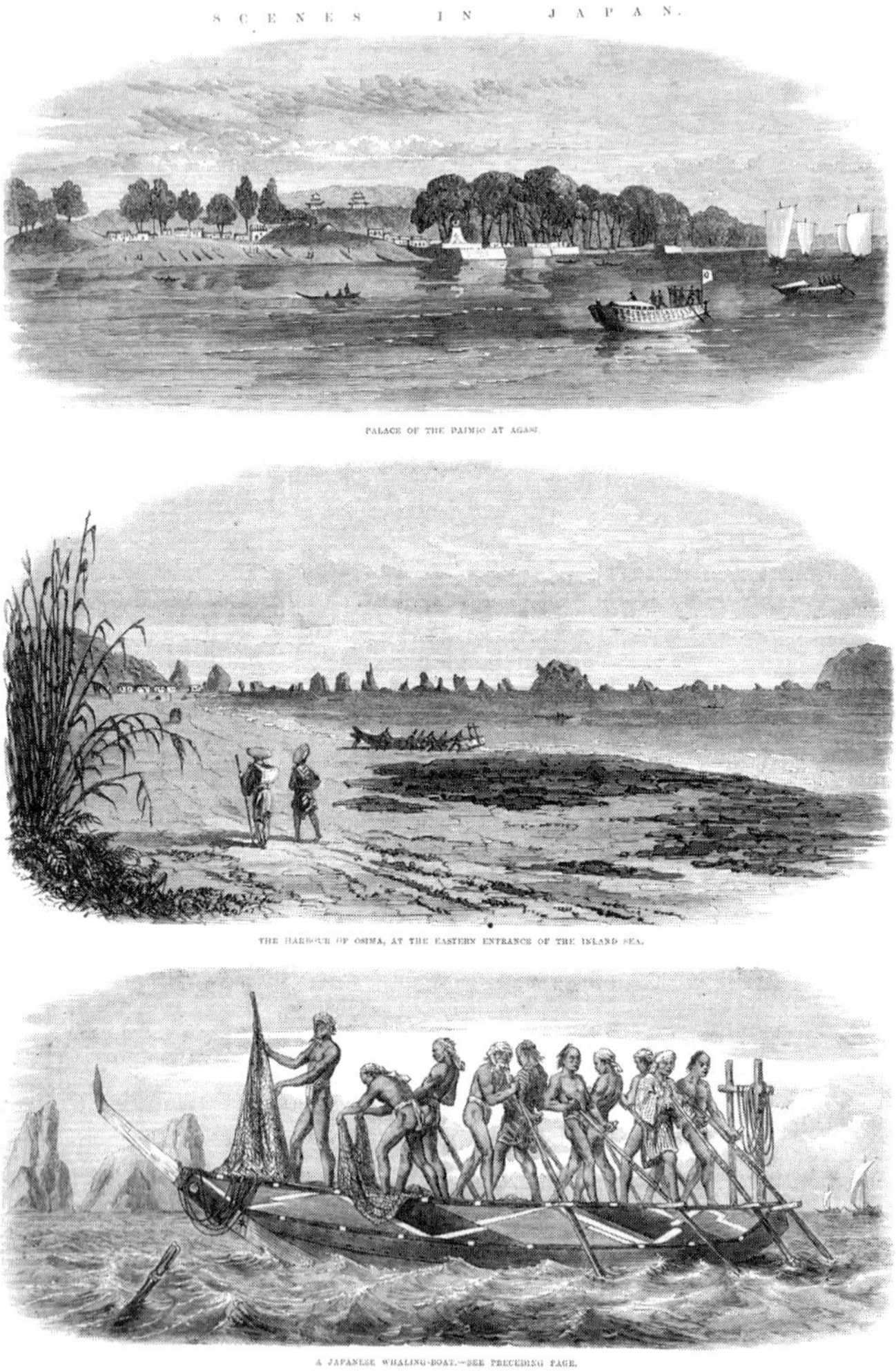

図①　「日本の風景」(『*The Illustrated London News*』1864年11月19日〔横浜開港資料館所蔵〕)

本人が用いている奇妙な船舶の見本である。（『描かれた幕末明治』[*1]一二二〜一二三頁）

ここで注目しなければならないのは、二番目のイラスト「瀬戸内海東入口にある大島の港」である。大島を瀬戸内海の東入口と見なす地理的感覚は、いささか奇異な感じがするが、当時の外国人の日本に対する認識がどのようなものであったかを気づかせてくれる。それでは、外国人は瀬戸内海をどのように捉えていたのだろうか。

瀬戸内海とは、現代人の感覚からすれば、本州、九州、四国の三つの島に囲まれ、紀伊水道、豊後《ぶんご》水道、響灘《ひびきなだ》で外海に接する海域であろう。しかし、明治以前においては、瀬戸内海を一つのまとまった海域としては考えず、人々は目の前の海に「灘」をつけ、周防《すおう》灘《なだ》、安芸灘《あきなだ》、備後灘《びんごなだ》、播磨灘《はりまなだ》などと個別に捉えていた。

『イラストレイテッド・ロンドン・ニュース』（一八六四年十一月十二日号）には次のように記されてある。

いわゆる瀬戸内海（The Inland Sea）とは、長さおよそ二四〇マイル、幅二〇ないし六〇マイルあり、日本帝国の主要な地域を構成するニフォン（日本）、キウシウ（九州）、およびシコック（四国）の三つの島に囲まれているということである。それ故、この海の置かれている位置は、ちょうどイングランド、アイルランドおよびスコットランドをその縁辺にもつセント・ジョージ海峡および隣接の海と比較できるであろう。

（『描かれた幕末明治』一一八頁）

外国人は、瀬戸内海を内海・多島海・湖・河川・運河・海峡などと同じように、一つの水域と見なしていたのである。瀬戸内海は、日本を訪れる外国人の目には富士山と並ぶ日本の代表的な風景と映ったようである。

世界的なプラント・ハンターとして名高いイギリスの園芸学者ロバート・フォーチュンは、日英修好通商条約締結から二年後の一八六〇（万延元）年に来日し、長崎・江戸を探訪した後、同年十二月十七日、横浜港を出港し帰途についた。フォーチュンを乗せたイギリス汽船イングランド号は大島沖を通過し、瀬戸内海に通じる紀伊水道の入口にさしかかった。

その日の午後に大島岬（紀伊半島の南端）に並行したが、それから間もなく、日本本土と四国の間にあって、瀬戸内海に通じる紀伊水道にさし掛かった。日本地図を参照すると、どんな描写よりも、この海上の位置が十分に理解される。外国船は軍艦と輸送船以外は、この水域を航行できなかった。航路を測量できないので、ここを渡航する場合は必ず事前に、日本政府から水先案内を手配してもらう必要があった。イングランド号は軍艦でもなく、また政府と何の関わりもなかったので、本来なら、瀬戸内海へ通じる不可侵の水域の航行は、許されなかったはずである。けれども、ダンダス船長と船客は、しばしば耳にしていた内海の絶景をしきりに見たがっていたので、次に述べるような有力な理由をつけて、航行と水先案内の許可申請を当局に提出した。（中略）船内には、女王への贈物を積んでいるということでも、確かに名誉ある軍艦の資格は十分にあった。さらに、この船がもし北太平洋の荒波に遭って難破し、贈物が損傷したり亡失するかも知れないという不安が、平穏な内海航路を承認してもらう、もう一つの理由であった。こうして提起された妥当で慎重な水路は、直ちに当局に認められたので、立ちどころに水先案内人を雇った。

（『幕末日本探訪記』一八〇頁）

フォーチュンの記述からも、大島沖が航海の難所だったことがわかる。また、西洋人旅行者らがしきりに瀬戸内海の景色を見たがっていた様子が窺えるのである。近代ツーリズムの父として知られるトマス・クックも瀬戸内海の景色を絶賛した一人であった。彼は、一八七二（明治五）年、自ら企画した世界一周旅行の途中、日本を訪れ、瀬戸内海の印象について次のように記している。

私は、イングランド、スコットランド、アイルランド、スイス、イタリアの湖のほとんどを訪れているが、ここはそれらのどれよりも素晴らしく、それら全部のよいところだけとって集めて一つにしたほどに美しい。（『トマス・クック物語』二四九頁）

瀬戸内海は多くの西洋人旅行者らを魅了したのである。それでは、橋杭岩も瀬戸内海の東入口の景色として、西洋人らを引きつけたのだろうか。この点に関しては、イラストを描いたベッドウェルという人物について知る必要がある。

フレデリック・レイヤー・ベッドウェル（一八三七〜一九〇五）〔図②〕は、イギリス海軍の主計官兼画家で、グリニッジ海軍大学を卒業後、バルト海域での海上勤務を経て、一八五八年に水路測量検査官として東アジアにおける測量に従事した。同年、日英修好通商条約締結のため来日することになったエルギン卿に請われ、画家として外交使節団に同行し日本滞在中には、「全権委任状を交換するエルギン使節と幕府代表」「鎌倉の大仏」「日本の風景」などと題されたイラストを描いている。

ベッドウェルが所属するイギリス海軍水路部は、現在の情報部のことで、イギリス商船や海軍の艦船が世界の海を安全に航行するための海図作成を目的として、一七九五年に設立された。世界各地の沿岸の様子や水深計測、さらに海岸線の地図作成などを主な任務としていた。海軍国として名高いイギリスではあるが、水路部が設立される以前は、海図の作成や販売は民間会社によって担われており、イギリス海軍も、アジア航路について地図がほしいときには、東インド会社から必要に応じて該当する海域の海図を購入していたという。

一八二九年、水路学者として名高いフランシス・ビューフォートが水路部長になると、「イギリスの存亡は海図により支えられる商船と海軍の航海にかかっている」との信念に基づき、正確な海図作成に努めることになる。そして、そのためには視覚に訴えることが大切であると、船から陸上のスケッチを行うことを奨励したのである（宮崎正勝『海図の世界史』二六二～二六六頁）。

図②　画家ベッドウェル（『*On the Coasts of Cathay and Cipango Forty Years Ago*』）

そこで、イギリス海軍では、乗組員に測量や海図の描き方を教育し、航海に必要な対景図（船から見た陸上の目標物）を描かせた。

図③　アクティオン号（『On the Coasts of Cathay and Cipango Forty Years Ago』）

当時、イギリス海軍の全ての艦船は、海軍省の水路図に加える航海情報を報告するよう求められており、海軍水路部においても、率先して世界の未だ知られていない地域の海図作成や、深海と投錨地の水深の計測、また陸上目印を利用した海岸線の地図の作製などを行なっていた。

従って、『イラストレイテッド・ロンドン・ニュース』に掲載された橋杭岩や捕鯨用小舟のイラストは、この地が紀伊半島の先端に位置し、瀬戸内海への東入口であることを示す視覚情報として描かれたものと考えられる。十九世紀中頃まで、西欧では日本を極東の未開の島国だと認識しており、日本に関する情報はわずかしか紹介されていなかった。しかし、アヘン戦争が起こり、南京条約（一八四二年）によって中国の港が開かれると、日本を含む極東周辺海域の踏査が必要となってきた。イギリス海軍が極東水域に軍艦を派遣したのは、港湾の深さや未知なる航路についての踏査のためであった。

ベッドウェルが乗船した軍艦アクティオン号〔図③〕も、安政の五カ国条約によって開港された港と航路の調査などを目的に、僚船ダブ号を伴に日本に派遣されたのである。日英交流史が専門のW・G・ビーズリー教授によると、アクティオン号は「十月のはじめに尾張湾を素通りし、伊勢半島の南端を横切って進み、瀬戸内海の東の入り口を調査した。（中略）一八六一年末までに、英国船は三つの主要条約港（長崎・横浜・箱館）とそこへの入り口について（距離はまちまちだが）満足のゆく調査を行い、横浜から長崎までの太平洋岸と瀬戸内海を通るルートに関しては、とびとびに調査を行っていた」という（「衝突から協調へ――日本領海における英国海軍の測量活動（一八四五～一八八二年）」一一四～一一五頁）。

アクティオン号に文民調査官の一人として乗船したウィリアム・ブレイクニーの著書『*On the Coasts of Cathay and Cipango Forty Years Ago*』には、

アクティオン号と同行船は瀬戸内海の東入口にある大島港に停泊した。ここの住民は、我々の任務が平和的なもので幕府の承認を得ているとの確証を持っていたため、非常に礼儀正しかった。（二九二頁）

と書かれている。

土地の人々が「非常に礼儀正しかった」のは、イギリス軍艦に幕府の役人も数名乗船しており、開国直後のことでもあり地元住民らがトラブルを起こさぬよう見張っていたためと考えられるが、二十六門の大砲を備えたアクティオン号に、住民らも大きな驚異を感じたに違いない。

ブレイクニーは、本州最南端の地で繰り広げられる捕鯨についても記録を残している。

湾岸捕鯨者は大島の海岸に本拠地を持っていた。湾内に閉じ込められた巨大な生き物（クジラ）になされる器用で大胆な猛攻撃を見るのはおもしろかった。最初、巨大で丈夫な網の網糸に絡ませ、獲物が息絶え絶えになるまで銛で攻撃を加える。クジラは網に縛られ、意気揚々と海岸まで引っ張ってこられた。この漁はかなりの危険が伴うが、たくましい漁師たちは全く楽しんでいる様子であった。（二九二頁）

イギリス人らは本州最南端の地で繰り広げられる捕鯨を大変興味深く観察しているのである。イギリス軍艦の行動については、『小野翁遺稿　熊野史』に、九月二十一日に大島橋杭に入津し、早速百六十余人が上陸したとある。また、上陸地点には目印としてペンキのような白いものを塗り、炭二千俵を古座より買い求めたことが記されている。

ベッドウェルが橋杭岩や捕鯨船のイラストを描いたのは、ブレイクニーの記述や地元に残る史料などから、一八六一年九月ではなかったかと考えられるが、それでは、どうして、一八六四年十一月十九日付というタイミングで『イラストレイテッド・ロンドン・ニュース』に「瀬戸内海東入口にある大島の港」と題したイラストが掲載されたのか。この点に関しては、一八六四年という年に、どのような出来事があったかを知る必要がある。この年は、前年に起きた長州藩による外国船への砲撃に対し、米・英・仏・蘭四カ国連合艦隊が下関に報復攻撃を加えた、いわゆる「四カ国艦隊下関砲撃事件」が起きた年である。

これを受け、『イラストレイテッド・ロンドン・ニュース』の一八六四年十月二十二日号から十二月三十一日号までは、「連合艦隊による下関攻撃特集号」として編纂されており、特派員画家チャールズ・ワーグマンによって描かれた連合軍と長州藩の戦闘風景などと共に、ベッドウェルの橋杭岩や捕鯨用小舟のイラストも掲載されたのである。開国間もない日本での戦闘に諸外国も注目しており、下関に通じる瀬戸内海の風景画は、それにこたえるものであった。

ところで、現在串本町にある橋杭岩が、「大島の港」として紹介されたのは、外国人の間違いだったのか。そうではないだろう。なぜなら、一七八五（天明五）年に作られた「日本湊絵図」の中にも、紀伊半島先端部が「串本」ではなく「大シマ」と記されているからである。現在大島は串本町の一つの地区であるが、江戸時代末期にはむしろ大島の方

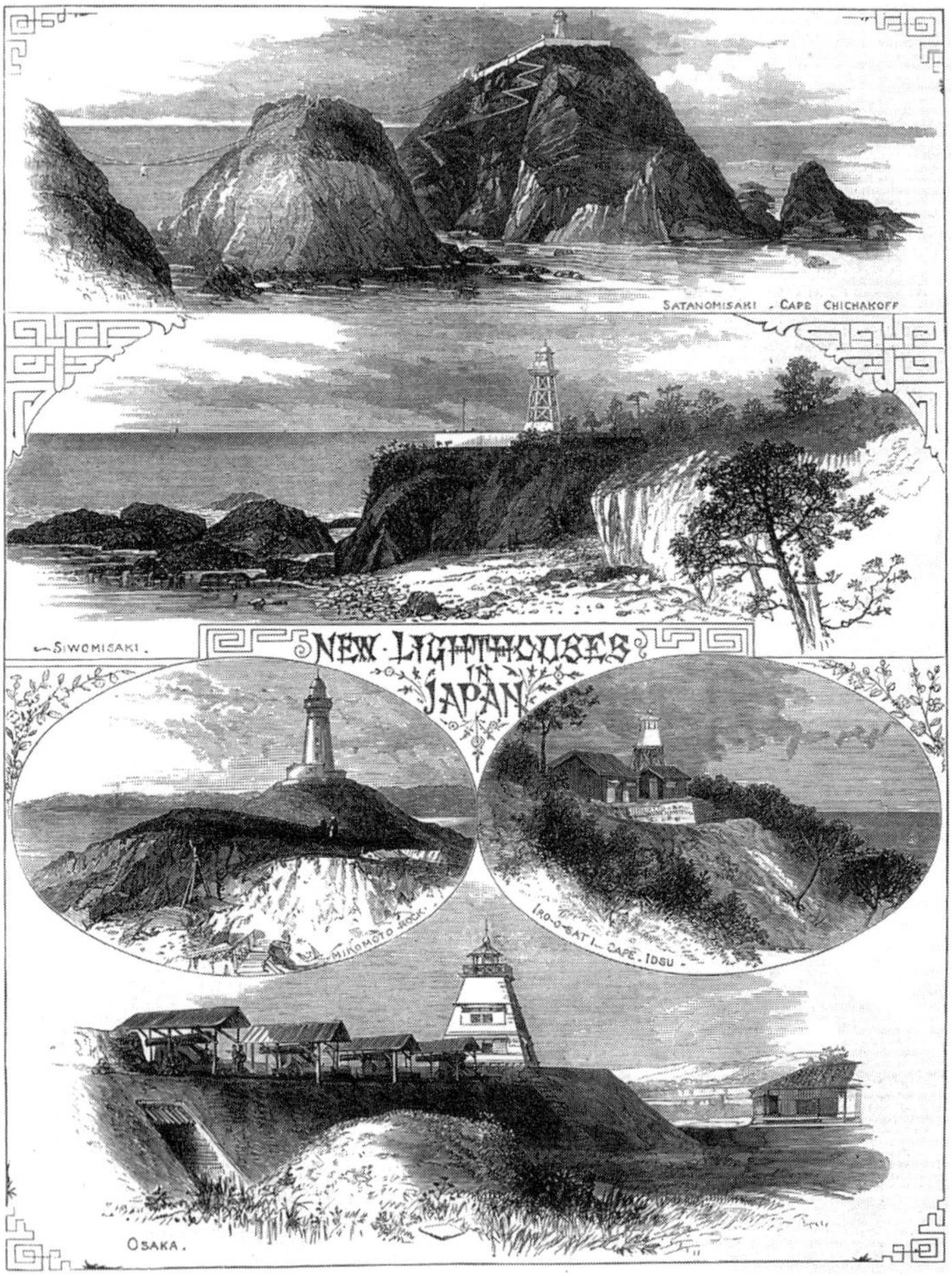

図④　「日本の新しい灯台」（『*The Illustrated London News*』1872年10月12日〔横浜開港資料館所蔵〕）、上から佐多岬、潮岬、神子元島（左）、伊豆石廊埼（右）、大阪天保山の各灯台

が当地方の地名として国内及び外国人にも認識されていたことが窺えるのである。

『イラストレイテッド・ロンドン・ニュース』の一八七二年十月十二日号には、佐多岬《さたみさき》、神子元島《みこもとしま》、伊豆石廊埼《いろうざき》、大阪天保山《てんぽうざん》の各灯台と共に、木造八角形の潮岬灯台も紹介されている〔図④〕。イギリス人技師ブラントンによって造られた潮岬灯台は、日本の近代化のシンボルとして外国雑誌に取り上げられたのである。この記事については、ブラントンについての次章で再度ふれる。

三　『ファー・イースト』に紹介された串本と大島

『ファー・イースト』は、一八七〇（明治三）年から一八七五（明治八）年にかけて、イギリス人ジョン・レイヤー・ブラックによって横浜で発行された挿絵入りの隔週雑誌である。『ファー・イースト』二十号（一八七一年三月十六日）、二十一号（四月一日）、二十二号（四月十七日）に串本・大島が紹介された。

『ファー・イースト』二十号には、「OOSIMA AND ITS LIGHTHOUSE」と題して、写真〔図⑤〕と共に次のように記されている。

大島は、約四マイルから五マイル幅の海峡によって本土と分けられている。その両岸には、こじんまりとした入り江と風雨から守られた谷間に沢山の村がある。そして「日本の遭難海域」で荒波にもまれた後、（もし幸運であるならば）、多くの帆船が停泊している。北方から大島に到るまでの三十マイルの間、海岸は東に向かっているため大島は北から吹く強風から守られている。ここではあたたかい海流がクジラをおびき寄せ、滅亡へと導く。すなわち、大島には沢山の漁師の集団があり、捕鯨の季節になると、漁師たちはもっぱら捕鯨に従事するからである。

灯台が建っている地点は、海抜約百六十フィートに位置し、断崖の縁には漁師の頭や役人の見張り場である小屋が建っている。小屋のすぐ下には、捕鯨用の網を積みこんだ二、三隻の大きなボートと、十六人乗用ボート十二隻が停泊している。見張りは粗末ではあるが性能の良い日本製の望遠鏡で遠くのクジラを見張っており、クジラを発見するや大きな警笛が鳴らされ信号が示される。クジラが漁師や海岸にいる人々を活気づかせる。

（三頁）

図⑥は、外国人が見たであろう大島近海での捕鯨の様子である。「熊野太地浦捕鯨図」

図⑤「OOSIMA AND ITS LIGHTHOUSE」（『*The Far East*』20号、1871年3月16日〔横浜開港資料館所蔵〕）

と題されているが鯨舟には太地組の紋「ひし形の井桁」と異なる古座組の紋「卍」が描れている。また、画面の奥は大島の樫野崎と見られ、太地ではなく古座鯨方がセミクジラを捕っている絵であると考えられている。

当時、大島は行政上は古座の支配下にあり、捕鯨においても古座鯨組に所属していた。樫野崎には山見《やまみ》が設けられており、見張りがクジラを発見するや狼煙や旗を揚げて知らせたのである。古座鯨方では十月から二月ごろまでを冬漁と称して樫野崎沖で操業し、三月から四月ごろまでを春漁と称して串本二色《にしき》の袋浦に出向いて潮岬沖で操業していた。捕獲するクジラは、主にザトウクジラ、セミクジ

図⑥　「熊野太地捕鯨鯨図」（太地町立くじら博物館所蔵）

ラ、マッコウクジラ、コククジラであったという。幕末の頃には、不漁と加子《かこ》不足のため営業が振るわず、度々、苦境に追い込まれた。大島の捕鯨は、明治末に近代捕鯨の時代を迎え活気を取り戻し、一九〇六（明治三十九）年には下関の東洋捕鯨株式会社が大島に進出し事業場を設置した。

大島にある樫野埼灯台については次のように記されている。

> 灯台は海抜約百六十フィートの地点に建てられており、二十二マイル先からも見ることができる。灯台は立派で、ヨーロッパでもそれをしのぐものはない。日本人は指導に従って、すぐに熟練した石工になった。灯台やその周辺の壁や建物を見ると、全てが日本のスタイルとは異なっているので、しばらくの間ヨーロッパにいるような感じがする。

（中略）この灯台はいわゆる巡回地点のためのものであり、ほとんどの船は北方から来るときに利用する。大島と本土間の海峡の避難港に船を誘導するのに役立っている。（四頁）

四カ国艦隊による下関砲撃事件後に、幕府と諸外国との間で交わされた江戸条約によって、横浜に向かう外国船の航路上八カ所（観音埼・剱埼・野島埼・神子元島・樫野埼・潮岬・伊王島・佐多岬）に洋式灯台の設置が義務づけられた。このうち二カ所が串本・大島（樫野埼・潮岬灯台）であったことから、いかに串本・大島沖が航海の難所であったかが窺える。

樫野埼灯台と潮岬灯台は、イギリス人技師リチャード・ヘンリー・ブラントンによって建設され、一八七〇（明治三）年に点灯した。灯台建設に使用された鉄やその他の機材はスコットランドにあるスティーブンソン社から送られたもので、灯台はイギリス産業革命の技術力の結集であったと言えよう。

我が国の近代化の象徴とも言える鉄道は、新橋・横浜間の開通が一八七二（明治五）年であり、また、最初に横浜で灯ったガス灯も鉄道開通と同じ年だったことを考えれば、それより二年も前に串本・大島に洋式灯台が建設され熊野の海を照らしたことは、近代文明の先駆けであった。

『ファー・イースト』二十一号（一八七一年四月一日）に掲載された橋杭岩の写真は、現在、橋杭海水浴場となっている地点から撮されたもので、「ISHI-HASHI, OOSIMA」と題されてはいるが、大島は写っていない〔図⑦〕。「橋杭岩」という現在の名称は、『熊野百景写真帖』（一九〇〇〔明治三十三〕年）において、その撮影者である久保昌雄氏が名付けてからと言われている。それ以前は単にISHI-HASHIと呼ばれていたのであろうか。写真には次のような説明が付けられている。

大島に向かって港の東入口に奇妙な岩の列があり、優れた天然の防波堤を形成している。それはISHI-HASHIまたはSTONE BRIDGEと呼ばれている。岩の後ろは、避難場所を探す風待ちの帆船にとって絶好の停泊場所である。（三頁）

『ファー・イースト』二十二号（一八七一年四月十七日）には、兵庫や下関と共に串本が取り上げられている。串本は「KOSHI-MOTO」と記され、写真〔図⑧〕と共に次のように紹介されている。

THE FAR EAST.

AN ILLUSTRATED FORTNIGHTLY NEWSPAPER.

[VOL. I, No. XXI.　　YOKOHAMA, SATURDAY, APRIL 1ST, 1871.　　[SINGLE COPY $1.00]

WITH the conclusion of peace in Europe, we ought to be allowed to look forward confidently to an improvement in commercial affairs in China and Japan. It is an immense relief to be able to look mentally across the water, and no longer see the bloodshed and misery that has been the most prominent spectacle during the past six months. And we would fain indulge a hope that peace being restored between the late belligerents, both will be enabled to preserve tranquillity among their own people.

For the last few weeks, the state of political affairs in Japan has looked somewhat gloomy; so much so, that whilst we have had the greatest desire for the non-disturbance of the government, and confidence in its ability to maintain its position, the difficulties thickened around it to such an extent, that an outbreak seemed imminent, and we began to feel doubtful.

Small *émeutes* have taken place in the provinces; but these have been rather of a character to annoy those in power, than to cause them very great apprehension. They have arisen from the actual distress into which a large portion of the Samourai class has fallen since the revolution; or, from discontent connected with the paper money. In every direction these have been put down. But what really was to be feared, was, the anticipated defection of the powerful Prince of Satsuma from the Mikado's side, and the possibility of his putting his clan in motion to fight against the Government. Had he done so, or were he yet to attempt it, he would be joined by some who are as discontented as he was said to be, and who would gladly strike a blow, for—they know not what; unless it be to effect a radical change, trusting to the chapter of accidents to decide what that change should be.

The last news we have from Satsuma, is of a more reassuring character. An envoy of the Mikado went down to

ISHI-HASHI, OOSIMA.

図⑦　「ISHI-HASHI, OOSIMA」(『*The Far East*』21号、1871年4月1日〔横浜開港資料館所蔵〕)

図 ⑧ 「KOSHI-MOTO, OOSIMA」(『*The Far East*』22号、1871年4月17日〔横浜開港資料館所蔵〕)

図⑨ 現在の串本(筆者撮影)

今までに我々は、大島に向かって並ぶ ISHI-HASHI または STONE BRIDGE と呼ばれる天然の防波堤を作っている奇妙な岩の写真を掲載してきた。奇妙な岩がある湾と港を形成している串本の美しい村の写真を載せた。（三頁）

では、どうして串本のような寒村が、兵庫や下関といった日本有数の開港場と一緒に取り上げられたのか。この点については、海上交通の要衝としての串本・大島の地理的位置に注目しなければならない。近世初め、商業の発展に伴う海上交通の発達で、紀伊半島先端の大島は、江戸・大阪を結ぶ海の道筋にあたり、風待ち、日和待ちの港として注目されるようになった。たとえば大阪から江戸に向かう船は、加太《かだ》、由良《ゆら》、周参見《すさみ》などの港に寄りつつ紀伊水道を南下し、潮岬沖を回って、一旦大島に寄港したのである。大阪から大島までの距離は、およそ五十五里（約二百二十キロ）。江戸へ向かう船は、大島を出たあと日和と風さえ良ければ、勝浦、新宮には寄らず三重県の二木島《にぎしま》まで行くことができた。南西の風が二日も吹けば、江戸近くまで一気に行く船もあったという。

大島に寄港したのは漁師や船乗りばかりではなかった。一八六四（元治元）年一月には、十四代将軍徳川家茂が上洛の途中、蒸気船で大島に立ち寄り、蓮生寺《れんしょうじ》で休憩した後、串本の無量寺《むりょうじ》で一泊したことが記録されている（『串本町史　通史編』三四八～三五〇頁）。

熊野は「陸の孤島」と呼ばれてきたが、本州最南端に位置する串本・大島は、決して孤島ではなかったのである。海上交通のメインルートに位置し、近世から幕末にかけては、風待ち、日和待ちの重要な港があり、また、横浜に向かう外国船にとっては航路上の重要ポイントとなってきた。明治に入ってからも横浜・神戸間の貿易に従事する船舶の転針点として、また、避難港として注目された。

このような理由から、幕末から明治にかけて、串本・大島は外国雑誌や英字新聞に紹介され、イラストや写真が掲載されたのである。

＊1 『イラストレイテッド・ロンドン・ニュース』は金井圓編訳で『描かれた幕末明治――イラストレイテッド・ロンドン・ニュース1853―1902』（雄松堂出版、一九八六年）としてまとめられている。以下引用は同書による。

第三章

樫野埼灯台と潮岬灯台を建設したブラントン

一　お雇い外国人第一号

串本町大島の樫野埼《かしのざき》灯台旧官舎は、改修工事を終え、二〇一一（平成二十三）年十月より一般公開されている〔図①〕。旧官舎は、灯台守の住居兼事務所として、灯台本体と同様、お雇い外国人技師リチャード・ヘンリー・ブラントン〔図②〕によって建設されたものである。

ブラントンは、日本全国に三十基の灯台（灯船二隻を含む）を建設し、灯台の維持・管理や組織づくりに尽力するなど、我が国における灯台業務の基礎を築いた人物である。その一方で、横浜居留地の設計を手がけ、舗装道路や上下水道の整備など西洋都市づくりの手本を示し、日本初の電信架設や鉄道敷設に対する提言を行うなど、我が国の近代化に大きく貢献した。

明治政府が海外から招聘《しょうへい》したお雇い外国人は、約三千人いたと見なされているが、ブラントンはその第一号といわれている。*1

我々がお雇い外国人と聞いて思い浮かべるのは、札幌農学校教頭ウィリアム・スミス・クラークや小泉八雲の名で知られる作家ラフカディオ・ハーン、岡倉天心と共に東京美術

図①　樫野埼灯台と旧官舎（筆者撮影）

学校創設に尽力したアーネスト・フェノロサなどであり、ブラントンを知る人は灯台関係者か横浜市民の一部にすぎないのではないだろうか。それは、ブラントンがシビルエンジニア（土木技師）だったことと関係がある。これまで、明治維新前後の政治史、経済史、外交史についての研究は盛んであったが、科学史や技術史にはあまり光が当てられてこなかったからである。

図②　若き日のブラントン（横浜開港資料館所蔵）

我が国の近代化の象徴と言えば、鉄道やガス灯などが挙げられるが、西洋近代文明の資材や機材を積んだ外国船が、無事、横浜港に入港するためには、何よりも先に洋式灯台の建設が不可欠であった。ブラントンは、和歌山県内だけでも、串本町の樫野埼灯台と潮岬灯台、和歌山市加太沖にある友ヶ島灯台の三基を建設しているにもかかわらず、地元でも彼の名を知る人々はほとんどいない。串本で外国との繋がりと言えば、アメリカ船レディ・ワシントン号の寄港やトルコ軍艦エルトゥールル号の遭難が知られているが、灯台に関して言えば、樫野埼灯台近くで毎年十二月に咲き始めるスイセンが、新聞紙面で「イギリス人灯台技師が故郷を偲んで植えた」と紹介される程度である。

本章では、ブラントンの著書『お雇い外人の見た近代日本』をもとに、来日の背景や、灯台をはじめ我が国の近代化に貢献した功績を記すと共に、彼の技術力の背景についても考察したい。

二　洋式灯台建設の背景

我が国における洋式灯台の建設は、一八六六（慶応二）年、諸外国と徳川幕府との間で締結された「改税約書」（江戸条約）を根拠とする。この条約は、一八六三（文久三）年、長州藩が下関海峡を航行する外国船に砲撃を加えたことに対する報復として、翌一八六四（元治元）年、英・仏・米・蘭からなる四カ国連合艦隊が下関を攻撃した、いわゆる「四カ国艦隊下関砲撃事件」を受けて締結されたものである。

諸外国から賠償金三百万ドルを要求された幕府は、その一部を支払ったものの、残余の支払い延期を要請したところ、諸外国は二百万ドルを放棄する代わりに、兵庫・大阪の早期開港、税率軽減、および条約勅許を要求した。交渉の中心となったイギリス公使ハリー・パークスは、各国をリードし、「改税約書」の第十一条で灯台の設置を義務づけた。パークスが灯台設置に熱心だったのは、当時、対日貿易額においてイギリスが他国を圧倒し、日本に往来する外国船の中でも特にイギリス船が多かったことと関係があった。また、幕府が灯台設置に同意したのは、日本の海運の将来に灯台の整備が欠かせないことを認識しており、下関事件の賠償金を建築費に振り向けたいという思惑があったからである。

パークスが中心となって各国の艦長や船長の意見を調整した結果、灯台は、剱埼《つるぎさき》（神奈川県）、観音埼（神奈川県）、野島埼（千葉県）、神子元島《みこもとしま》（静岡県）、樫野埼（和歌山県）、潮岬（和歌山県）、佐多岬（鹿児島県）、伊王島《いおうじま》（長崎県）の八カ所に、また灯船は本牧《ほんもく》（神奈川県）、函館（北海道）の二カ所に置かれることが決まった。しかし、当時の日本人には独力で大規模な近代的建築を施工する技術力はなく、灯台技師及び機材一式は外国に依頼するほかはなかった。

幕府は、パークスを通じて、イギリス政府に灯台建設に必要な機材の購入及び灯台技師の斡旋を依頼した。この件については、イギリス商務省とイギリスの灯台を建設・管理する法人団体トリニティ・ハウスが協議し、スコットランド北部灯台局のスティーブンソン兄弟に委ねられることになり、選考の結果、ブラントンが選ばれたのである。

イギリスに灯台技師の派遣を依頼する前年、幕府はフランスに対しても三基分の灯台機材を発注していた。それはフランスの援助のもとで建設が進んでいた横須賀製鉄所（造船所）への航路用のものであったが、フランスから灯台機材が届いた時、すでに幕府が崩壊していたため、明治政府によって、緊急を要する江戸湾の四灯台（観音埼灯台、城ヶ島灯台、野島埼灯台、品川灯台）に振り分けられ、横須賀製鉄所の建築課長ルイ・フェリックス・フロランがその建設にあたった。フランス人が造った灯台はこの四基のみで、これ以降は、ブラントンを首長とするイギリス人技師団が日本の灯台建設の任を担うことになるのである。

三　鉄道技師から灯台技師へ

ブラントンは、一八四一年、スコットランド北東部のアバディーン近郊で生まれた。私立学校で学んだ後、カレドニア鉄道会社の土木技師ジョン・ウイレットの助手として数年間鉄道敷設工事に従事し、その後、一八六四年にロンドンに出て、サウスウエスタン鉄道とミッドランド鉄道で鉄道工事の経験を積んだ。この間に、橋梁、河川、下水道、築港などに関する土木工事を経験し、技術を習得したものと思われる。

ブラントンが少年時代のイギリスは、鉄工業の発展を基盤に鉄道建設ブームが起こり、イギリス全土に鉄道が建設されていった時代であった。[*2] ブラントンが鉄道技師にあこがれたのも、鉄道が当時の花形産業だったからに違いない。しかし、彼が成人した一八六〇年代は、イギリス国内の鉄道網もすでに完成し、技術者は新たに鉄道建設を必要としている海外に職を求めて行かざるをえない時代になっていた。では、どうして、鉄道技師だったブラントンが、灯台技師として来日することになったのか。この辺の事情については、イギリス商務省がスティーブンソン兄弟に宛てた手紙に記されている。

……灯台業務に熟練した技師は数多くいないことは承知している。もし貴下が灯台技師を得ることができなければ、商務省としては、現に従事している職務について広い知識を有し、活動的で、かつ知的な技師であれば、貴下の指導のもとに灯台業務に必要な知識を短期間に習得することができると思案する。そのような人物が選定できれば、当人及びその助手を出来るだけ早く日本に赴任させて灯台設置の予定地を訪れ灯台等建造物の設計を行わせ、貴下が各灯台に適した機器の設計ができるよう必要な設計図その他の資料を本国に送らせればよい。（『お雇い外人の見た近代日本』二七頁）

スティーブンソン兄弟は、ブラントンをこの手紙のすべての条件を満たす者であると認め推薦したのである。彼がいかに優れた技術者だったかが窺える。ブラントンは、一八六八（明治元）年二月二十四日付で採用された。日本に出発するまでの期間、スティーブンソン兄弟の下で灯台建設について指導を受けると共に、スコットランド各地の灯台に滞在して日常業務について学んだ。ブラントンの雇入れ契約書によれば、彼の給料は一カ月四百五十円（その後六百円）で、イギリス出発時から支給されること、航海の手当としては英貨二百ポンド、それに日本までの旅費として英貨百五十四ポンド二シリングが支給されることが取り決められていた（『大隈文書』、横浜開港資料館編『R・H・ブラントン』八五頁）。当時、大久保利通の月給が五百円であったことを考えれば、ブラントンは破格の待遇で迎えられたといえよう。

一八六八（明治元）年八月八日、ブラントンは、妻エリザベス、娘メアリー、助手のブランデルとマクビーンを伴い、ペニンシュラ&オリエンタル汽船会社の汽船アデン号で横浜に着いた。日本では、まだ江戸が東京とは改名されておらず、新政府に対する抵抗が東北地方を中心に勢いを保っている状態だった。日本の国内情勢がいまだ不安定な中、ブラントンは本拠地を横浜弁天（横浜市中区北仲通六丁目、現在の第三区海上保安本部所在地）に置くと、灯台建設予定地の視察に出かけた。太平洋から瀬戸内海に至る十四カ所を訪れ、海上面の高さの測定や、建築資材、労働力に関する情報収集を行ったのである。視察には、パークスの斡旋によってイギリス海軍のマニラ号が提供され、助手ブランデルも同行した。マニラ号は、一八六八（明治元）年十一月二十一日、横浜を出港し、伊豆下田、大島、神戸、広島、長崎などに寄港した後、翌一八六九（明治二）年一月五日、横浜に帰着した。

四　ブラントンが見た明治元年の大島

ブラントンを乗せたイギリス軍艦マニラ号が大島にやってきたのは、ブラントンの手記から考えて、一八六八（明治元）年十一月末のことだと思われる。

大島について、ブラントンは次のように記している。

この島の日本名はオオシマである。日本には大島と名づけた島はたくさんあり、これはその一つである。この大きな島によって立派な港が形成されている。島の本州側の海岸線は、所によって異なるが半マイル（約八〇〇メートル）から二マイル（約三・二キロメートル）ある。その間の水域は外海から完全に防御された良い錨泊地となっている。

（『お雇い外人の見た近代日本』三七〜三八頁）

また、ブラントンの手記には、牛を巡っての島民とのやり取りが記されている。

大名、すなわちこの地方の領主は、我われに対する贈物として大量の甘藷や数羽の鶏を艦まで届けてくれた。これらの贈物は喜んで受け取ったが、陸岸で荷物の運搬に使役されている数頭の黒い牡牛を見て、食用に一頭を買う交渉をした。値段のことは、すぐに双方で満足する額が決まった。しかし、仏教徒である島民は本能的に、牛を買いたいと申し込んだ我われの目的は神聖なものであると思い込んでいたが、後になって我われの本意を知ると断固として商売を拒否した。彼らが言うには、牛が自然死するまで待つのであれば売ってもよいが屠殺するなら売らない、というのであった。彼らの良心の呵責は、値段を上げることを申し込んだ結果、幾分やわらいだ。残りの良心は、これは断っておかねばならないが、罪のないごまかしを使うとすっかり解消した。

（『お雇い外人の見た近代日本』三八頁）

灯台建設にやってきたイギリス人が牛肉を欲しがったという話は、愛媛県の釣島灯台にもあり、「ブラントンと助手のマクビーンらは日本食をとらないので肉類などの食糧いっさいは神戸から三津浜（松山）経由で取り寄せていた」という話が伝わっている（『燈台風土記』一四〇〜一四一頁）。牛肉を食べる習慣がなかった当時の日本にあって、イギリス人たちが牛肉を手に入れるため、あれこれ知恵を巡らせていた様子が窺える。

串本・大島沖は、横浜に向かう外国船にとって最大の難所の一つであり、灯台建設は喫緊の課題であった。ブラントンの調査から、両灯台の建設にはさしたる困難もないとの判断がなされ、建設当初一カ月間は大工カッセルが一人で両灯台の工事を受け持った。カッセルが去った後の樫野埼灯台では、石工ミッチェルが日本人石工百五十人を使って、日本初の洋式石造り灯台の建設にあたった。

建設当初の樫野埼灯台が約四・五メートルと低かったのは、灯台が建つ位置の海抜が三十二メートルと高く、灯塔が低くても灯火は沖まで十分届いたからである。また、灯塔が低いことで、建設日数も短く費用も少なくすんだ。現在の樫野埼灯台は、一九五四（昭和二十九）年に事務室を増設し、灯籠と灯塔の間を十メートルあまり継ぎ足し、高くしたものである。

潮岬灯台は、建設当初は八角形の木造で、一八七〇（明治三）年六月に仮灯をもって点灯した。仮灯であったのは、潮岬と剱埼、伊王島などの灯台に設置する灯器や機器等を積んで日本に向かっていたイギリス帆船エルレリー号が、一八六九（明治二）年十二月十日に東シナ海で沈没したためである。ブラントンは、この緊急事態に対処するため、日本人銅細工師に石油ランプの火口をつくらせ、横浜と香港で航海灯レンズを入手し、またサンフランシスコから汽車のヘッドライト用ランプを輸入した。

灯台建設の資材は、横浜の灯台寮で組み立てられたものを解体して運び、大工ロッセルの監督のもと現地で組み立てられた。灯台の基礎部から灯塔の頂上までが二十三・九メートルと高かったのは、海抜が十六メートルと低かったからである。灯台をより高くすることで光達距離二十海里（約三十七キロ）を確保することができた。潮岬灯台に本灯が灯るのは一八七三（明治六）年のことであり、一八七八（明治十一）年にはブラントンの後継者であるジェームズ・マクリッチによって現在の石造りに建て替えられた。

本州最南端の二つの灯台は、共に一八七〇（明治三）年六月に点灯したことになる。潮

図③　木造八角形の潮岬灯台（横浜開港資料館所蔵）

岬灯台は仮点灯であったが、両灯台がブラントンの造った灯台の中で最も早く点灯したことからも、いかに串本・大島沖への灯台設置が急がれていたかがわかる。

なお、潮岬灯台は前章でもふれたように、『イラストレイテッド・ロンドン・ニュース』（一八七二年十月十二月号）でもイラストと共に紹介されている。

潮岬の灯台は、東岸大島の港に近い陸地の突端にある。ここの灯台は高く立ち、地上六五フィートも聳えているが、海面上一五五フィートの高さに達している。それは、木材の梁で建てられた八角形の塔であるが、その梁は地階と最上層が四面板ばりである以外は風が中を吹き抜けるような吹抜けの枠組みとなっており、灯火は二〇マイル先からも見える。

（『描かれた幕末明治』一八五頁）

五　日本の灯台の父

本章冒頭でも述べたように、ブラントンは、一八七六（明治九）年三月に解雇されるまでの間、二十八基の灯台と二隻の灯台船を建設した。灯台の内訳は、石造り十一基、木造九基、レンガ造り四基、鉄造り四基である。建築資材は、その土地で最も適したものが使われた。基本的には石造りが望ましかったが、近くに石材産地が見あたらないような場合はレンガが使われ、緊急を要する場合には木が、寒冷地などの施工期間が限られる場合や人手が足りない場合には鉄が使われた。

これらの灯台は、すべてブラントンが独自に設計したわけではなかった。ブラントンは来日する際、スティーブンソン兄弟から「日本灯台関係文書の仕様書」を渡されていた。「仕様書」には、設計並びに建築上の注意など、詳細な指示が記されていた（藤岡保洋「D&Tスティーブンソンの仕様書とR・H・ブラントンが建設した灯台」三八頁）。ブラントンは、スティーブンソン兄弟作成の「仕様書」を基本としつつ、日本の風土に合わせて独自の工夫を加えたのである。例えば、ブラントンが造った灯台の多くは扇型の付属舎が付けられているが、これはスコットランドでは珍しかった。また、灯台官舎についても屋根の勾配や屋根葺き材、外壁の構法などにスコットランドと異なる独自の工法が用いられており、スコットランドでは見られないレンガ造りの灯台も四基（尻矢埼灯台、犬吠埼灯台、御前埼灯台、菅島灯台）造られた。

この他、地震対策にもブラントン独自の工夫が施された。日本が地震多発地域であることはイギリスでも知られており、スティーブンソン兄弟も耐震方法を考案していた。それは「地震による震動が塔を伝わって直接灯室に影響を及ぼすのを防ぐため、灯塔と灯室の

図④　キンネードヘッド灯台（高橋哲雄氏撮影）

間に緩衝部分（耐震結合部）をもうけること」であり、具体的には「上下の台に取り付けた同型の青銅製の椀（複数）の中で同じく青銅製のボールが転がるようにした装置で、下方の椀は基部の梁の上に固定し、上方の椀は上部構造の底の梁に固定する」（『お雇い外人の見た近代日本』二一六頁）というものであった。

しかし、ブラントンは、「頂部の構造物が下部構造物の上で自由に動くことは、地震以外のときに非常な不便を招くことになる」と考え、「灯台を堅固な構造にすることによって慣性を増加し、地震による震動を軽減する」（『お雇い外人の見た近代日本』二一八頁）という方法をとった。スティーブンソン兄弟が考案した耐震法は採用しなかったわけである。

　当然のことながら、ブラントンが造った灯台とスティーブンソン兄弟が造った灯台には共通点も多く見られる。スコットランド北東部のアバディーン近郊フレイザバラにあるキンネードヘッド灯台［図④］はスコットランド最古の灯台の一つであり、一七八七年にフレイザー伯が灯台委員会に居城を譲り、委員会が鯨油のランプと反射鏡を取り付け、それを一八二四年にスティーブンソンが改良し、さらに一八五四年には再改良して今日の姿となった（『*Kinnaird head*』七〜九頁）。下部は日本では見られない形であるが、上部の灯塔の部分に注目してもらいたい。ドーム型の屋根にダイヤ型の窓、周囲を囲んだ手すりなどは、樫野埼灯台や潮岬灯台と同様であることがわかる。

六　日本人上司との対立

ブラントンの灯台建設は、決して順調に進んだわけではなかった。日本人役人との間で、灯台事業の主導権を巡る対立がしばしば起きたからである。日本人役人は、外国人を指揮権がない助言者、あるいは単なる指導者にとどめておきたかったのに対し、ブラントンは自らが中心となって仕事の一切を取り仕切ることを望んだ。灯台建設は日本との条約に基づいた事業であり、自らも日本政府の要請を受けて来日したという経緯からも、ブラントンは日本人役人が自分の指示に従うのが当然であると考えていた。

ブラントンは、「実際の知識のない無能な陛下の官僚や、自尊心ばかり強く狡猾で収賄に熱心な腐敗した下役人は、高潔な外国人にとってはこんな輩と仕事を共にするのは特別に腹立たしいことであった」（『お雇い外人の見た近代日本』一六九頁）と痛烈に批判し、雇い主である日本人役人とうまくやっていくためには、次の二つの方法のうち、いずれかを選択せねばならないと述べている。

第一の選択とは、事を荒立てず、そっとしておくことであった。すなわち、成り行きに任せることであり、助言を求められたときは助言を与え、たとえその通り行われなくても気にとめないようにする。第二の選択は、自分が立てた計画通りの実行を主張することであった。この方法は、日本人との人間関係が不和となり、摩擦を引き起こすこともあるが、ブラントンは第二の方法を選んだ。

また、日本人上司が頻繁に替わり、事業の運営にしばしば困難をきたした。実際、ブラントンが灯台建設の業務に従事した約八年間に、灯台役所（工部省灯台寮）の長は十五人も交代した。しかも、上司となった者のほとんどが灯台業務について何の知識も経験も持っていなかったため、ブラントンとの対立が解消することはなかった。例えば、日本赤十字社の創設者である佐野常民も、ブラントンの上司の一人であった。ブラントンは、佐野について、「この真のサムライと交際した月日は喜悦を抜きにして回想することができない」（『お雇い外人の見た近代日本』一七五頁）と賞賛し大変な信頼を寄せていたが、その佐野との間でもトラブルがなかったわけではない。それは、灯台を維持管理するための資材や灯油、灯心、硝子、清掃用物資等の定期補給制度の確立を巡ってのことだった。ブラントンは、スコットランド灯台局のシステムに従って、各灯台の貯油槽や倉庫に一年分の物資の補給を主張したのに対し、佐野は、補給物資は半年分でよいと反対した。その理由は、大量の物資が手元にあれば、灯台保守員はそれを浪費する誘惑に駆られるからというものだったが、これに対しブラントンは、「毎月の消費量の報告を提出すれば防げる」と主張した。ブラントンは、自らが下した決定が日本側に受け入れられたものと思い、イギリス人助手に一年分の物資を船に積むよう指示するが、これに気づいた佐野は、船から積み込んだ量の半分の物資の陸揚げを命じた。ブラントンが一旦船に積んだ荷物を陸揚げすることは不可能であると告げると、佐野は立腹したものの、それ以上邪魔立てしなかった。

ブラントンがどのような性格の持ち主だったかはわからないが、彼の手記からはシビルエンジニアとしての几帳面な一面に加え、灯台建設に対する責任と使命感が伝わってくる。それ故、当時の日本人役人が形式にこだわり、お雇い外国人を軽視する態度は許せなかったのであろう。また、賄賂が蔓延していたこともブラントンを憤慨させる要因の一つであった。

アメリカ人牧師で、工部大学校（東京大学工学部の前身の一つ）の教授を務めたウィリアム・エリオット・グリフィスは、お雇い外国人を「主人たろうとした者」と「援助者たろうとした者」の二つのタイプに分け、「主人たろうとしたお雇い外国人は、まるでイギリスのパブリックスクールの級長のプリフェクート（上級級長）のような気になっていた」（ヘーゼル・ジョーンズ「グリフィスのテーゼと明治お雇い外国人政策」一七七頁）と述べ、ブラントンをその代表と見なした。また、幕末・明治期の日英交流史を研究するイギリス人歴史家オリーブ・チェックランド教授は、ブラントンと同郷のスコットランド北東部出身で、明治日本の銀行業務に貢献したアレクサンダー・シャンドを例に挙げ、シャンドが多くの日本人から慕われていたのに対し、ブラントンは優れた仕事をしたにもかかわらず、日本人同僚との間に親しい友人関係を築くことができなかったのは悲劇であったと述べている（『日本の近代化とスコットランド』一一三頁）。

銀行家と技術者という職種の違いも、お雇い外国人としての意識に差を生んだものと推測する。ブラントンは、「私に任された灯台の建設は厳粛な条約で、日本が列国から義務づけられた事業であり、広く人類の利益に関わることである」（『お雇い外人の見た近代日本』一七〇頁）と述べており、灯台建設に強い使命感と情熱を持って臨んでいた様子が窺える。

七　横浜街づくりの父

「日本の灯台の父」と言われるブラントンであるが、横浜市民にとっては「横浜街づくりの父」でもある。一九九一（平成三）年、横浜開港資料館はブラントン生誕百五十周年を記念して、「R・H・ブラントン展」を開催し、横浜街づくりの礎を築いた彼の功績を称えた。

灯台技師として来日したブラントンが、なぜ横浜の街づくりに関わることになったのだろうか。ブラントンが来日した当時、横浜外国人居留地における欧米人の家屋は、バンガロー式にタイルで屋根を葺いた洋風建物であった。しかし、道路は単に地面を平坦にならしてあるだけで、強い雨の後はまるで内海のような水たまりがいたる所にでき、下水の処理もなされていない状態であった。また、住居に関しても、ブラントンは「日本を訪れたことのない者には、平均的な日本の住居がいかに原始的なものであるかを想像することは困難である。日本の標準の家屋は簡素で、その住心地は四季を通じて不快である」（『お雇い外人の見た近代日本』五九頁）と酷評している。それもそのはず、ロンドンでは、一八五一年に第一回万国博覧会が開催され、主会場となったクリスタルパレス（水晶宮）は鉄と木と三十万枚の硝子で覆われ、まるで「おとぎの国」のようだと言われたほどであった。また、一八五五年にロンドン開発会議所が創設され、下水道の埋設や給水所などの建設工事も進み、さらに一八六三年には地下鉄が完成するなど、近代都市としての発展がめざま

図⑤　横浜公園のブラントン像（筆者撮影）

しかった。世界一の都ロンドンからやってきたブラントンの目には、日本の家屋や道路はあまりにも原始的と映ったことだろう。欧米人たちは、たとえ母国から遠く離れた極東の島国であっても、母国での生活と何ら変わることのないライフスタイルを望んだのである。そのためイギリス公使パークスは、欧米諸国を代表して神奈川県役所に対して、居留地を現在の不健康で不快な状態からヨーロッパ文明の要求するレベルに改善することを求め、ブラントンに命じて「居留地改良計画」を作らせたのである。

計画の実施にあたっては、一八六六（慶応二）年に結んだ約定で、居留地のすべての道路は砕石《さいせき》、あるいは小石を敷いて地ならしをすることが規定された。ブラントンは何マイルもの道路や歩道を「マカダム方式」[*3]で舗装し、路面排水と地下に配水管を埋設する大がかりな工事を実施したのである。道路の舗装に際しては、ブラントンは苦労して下田湾で最適な石を見つけ、船で横浜に運んだ。五トンほどもある石塊を採石場から切り出して重いローラーを造り、二、三十人の人力で曳いて、道路を固めた（『お雇い外人の見た近代日本』六四頁）。こうしてできた道路が横浜市関内にある「日本大通り」である。

ブラントンは、この他にも下水道の敷設、街路舗装、横浜公園の設計、吉田橋の鉄の橋への架け替え、電信の敷設など、近代横浜の基礎を築き、「横浜街づくりの父」と讃えられ、功労者として横浜公園に胸像が建てられている［図⑤］。

八　鉄道敷設への提言

我が国最初の鉄道は、一八七二（明治五）年、新橋・横浜間に敷設された。この鉄道敷設にブラントンが大きく関わっていたことはあまり知られていないが、元々、ブラントンが鉄道技師であったことを考えれば、当然のことであった。

しかし、ブラントン自身は、日本の発展のためには鉄道網の整備よりも立派な道路を造ることが先決であると考えていたようだ。というのも、明治初期の日本では、街道といっても荒れた泥濘の道路で、雨の日にはほとんど通行が出来ない状態であった。ブラントンは、「この国の活力はより良い公共道路の造成に向けるのが適切であると私には思われた。これらの道路が発展を培養する路線となり、その発展はやがては鉄道の建設につながるのである」（『お雇い外人の見た近代日本』一〇一頁）と道路建設を第一に考えたが、日本政府の高官たちの関心を呼び起こすには至らなかった。なぜなら、当時は、現在のようなモータリゼーションの時代とは異なり、陸上交通と言えば馬車か人力車しかなかったため、道路を造ってもそこを使用する交通手段が想定できなかったからである。鉄道こそが国家発展のシンボルと考えられていたのである。

明治政府から東京・横浜間の路線についての意見を求められたブラントンは、工事の施工には特に困難な事態は生じないこと、東京湾へは大型船が入港できないため横浜から鉄道を使って輸送することが必要であること、将来、横浜から京都や西方に鉄道を敷設する可能性などについて説明した。

鉄道事業の総支配人にはインドで鉄道事業の経験があるスコットランド人ウィリアム・カーギルが就き、同じくスコットランド人エドモンド・モレルが技師長となって、その下に多数のスコットランド人が書記や技術者として鉄道事業に参加した。東京・横浜間十八マイル（約二十八・八キロ）の路線敷設工事は一八七〇（明治三）年四月に始まり、一八七二（明治五）年九月十二日に明治天皇の行幸を得て開通式が挙行された。しかし、日本初の鉄道敷設が円滑に進んだわけではなかった。何回となく路線が変更され、橋梁は完成したかと思うと補強工事が行われ、路線は曲がりくねっていた。また、鉄道敷設の総経費は巨額に上ったと伝えられるが、その総額は発表されなかった。ブラントンは、こうした原因は、カーギルを首班とした技師団が日本人役人の介入を許したからであると厳しく批判したが、同時に、自らの灯台事業については、決して同じ轍は踏まないとの思いを強くしたことであろう。

九　ブラントンの技術力の背景

ブラントンは、日本沿岸に洋式灯台を建設しただけでなく、横浜街づくりや鉄道敷設への提言など、我が国の近代化に大きく貢献した。二十六歳で来日し、しかも灯台技師としては三カ月ほどの促成指導しか受けていなかったブラントンに、どうして八面六臂とも言える活躍ができたのだろうか。ここではブラントンの技術力の背景として、スコットランドとの関係について述べてみたい。

ブラントンの故郷スコットランドは、元々、イングランドとは別の国だった。冷涼な気候と厳しい風土のため、「イングランドでは馬の餌であるカラス麦を、スコットランドでは人間が食う」と揶揄されたように、貧しい国だった。スコットランドが貧しさから抜け出すきっかけとなったのが、一七〇七年のイングランドとの合同である。合同によって独立は失われたが経済的には恩恵を受けた。世界に拡大しつつあったイギリス帝国の一員として、経済発展する基盤ができたからである。その結果、スコットランドは十九世紀末には「大英帝国の工場」[*4]と呼ばれるまでになったのである。

スコットランド発展の基盤となったものに、実学教育の伝統があった。ヨーロッパで最初の義務教育法（一四九六年）が施行されたことや、イングランドにオックスフォードとケンブリッジの二大学しかなかった十五世紀、スコットランドにはセント・アンドルーズ大学（一四一二年創立）、グラスゴー大学（一四五一年創立）、アバディーン大学（一四九四年創立）の三大学が存在していたことからもわかるように、スコットランドは教育水準がすこぶる高かった。

さらに、十六世紀半ばに起きたジョン・ノックスの宗教改革により、スコットランドは教育的伝統を基盤にプロテスタント的な国民教育制度を目指すことになる。宗教改革を主導したプレズビテリアン（スコットランドのカルビン派）は、カルビニズムの中でも穏健・調和的として知られ、自由・実用的な教育土壌を醸成したのである。スコットランドでは、教区学校から大学まで貧富の差はなく能力による教育機会の開放がなされており、オランダのライデン大学やフランスのパリ大学との交流を通じて、スコットランドの大学は医学、自然科学、社会科学分野でヨーロッパの最高水準に達していた。

その教育力を背景に、十九世紀半ばのスコットランドは、イギリス産業革命の基幹技術となった工学の世界的な技術発展を主導するまでになった。蒸気機関を発明したジェイムズ・ワット、熱風溶鉱法を発明したジェームズ・ニールソン、運河や橋造りなど土木技術で有名なトマス・テルフォード、石板を用いた道路建設で有名なジョン・ラウバン・マカダム、鉄道のジョージ・スティーブンソンと息子ロバート、造船ではジョン・ラッセル、それに灯台のスティーブンソン一家というように、実に多くの技術者を輩出したのである。十九世紀のスコットランドは、まさに世界に冠たる技術立国であったと言える。

このスコットランドの技術力は、明治初めの日本にも盛んに導入された。お雇い外国人として来日したスコットランド人としては、灯台のブラントン、鉄道のエドモンド・モレル、造船所・港湾建設の指導にあたったフランシス・エルガー、上下水道設備を考案したウィリアム・キニンモンド・バートン、工部大学校初代校長となったヘンリー・ダイアーなどがおり、近代日本の発展に大きく貢献したのである。

十　灯台とスコットランド

スコットランドの灯台の歴史についても、ここで簡単に触れておきたい。スコットランドの海岸は、十八世紀初めに灯台が建設されるまでは、ヨーロッパで最も危険な海域の一つであった。特に強風の吹き荒れる冬には船の遭難事故が多発した。十八世紀に入り、貿易の発達に伴ってスコットランド沿岸を航行する船舶の数が増えると灯台の設置が急務となった。そのため北部灯台委員会は、必要とあれば、いつでも、どこにでも、灯台を設置する権限を議会から与えられていた。スコットランドの灯台は、船が遭難しやすい岬や沖合の岩礁の上に立てられる場合が多く、灯火や警鐘、霧笛などが取り付けられた。灯台守やその家族の住居も兼ねていたため、その土木技術は光源や飲料水の問題を含み、また、海洋土木、光学機器といった最先端の技術を必要とした（吉田みどり『物語る人』一九〜二〇頁）。

スコットランドにおける灯台建築の祖ともいえるトマス・スミスは、石炭の火による航路標識から、石油ランプの光を反射板を使って投射する方法を考案するなど照明法を大きく改善した。彼の後継者となった義理の息子ロバート・スティーブンソンは、北海に面したスコットランド沿岸の危険で近寄りがたい岬や岩礁に、高度な工学技術を駆使し次々と灯台を建設していった。彼が造ったベルロック灯台はイギリスを代表する灯台の一つである。

ロバートの息子デービッドとトマス兄弟は、エディンバラに父がつくった会社を引き継ぎ、デービッド&トマス・スティーブンソン社と改称し、また北部灯台委員会のメンバーも兼ねるなど、イギリス全土でも有名な灯台建築家となった。ちなみに、小説『宝島』で有名な作家ロバート・ルイス・スティーブンソンはトマスの息子である。

スティーブンソン兄弟の業績はイギリス全土はもとより海外でも広く知られており、彼らが設計する灯台は各国のモデルとなり、インド、日本、カナダ、シンガポールなどからも建設の依頼が相次いだ（『*The Lighthouse Stevensons*』二一九頁）。スコットランドが灯台先進国として、いかに注目されていたかについては、一八七二（明治五）年十月十六日、イギリス訪問中の岩倉使節団がベルロック灯台とメイ灯台を見学していることからも窺える。「木戸孝允日記」によれば、一行は、当日、天候が悪かったため

図⑥　スコットランドの主要な灯台

ベルロック灯台への上陸は果たせず海上から見学となったが、メイ灯台は見学することができ、スティーブンソン兄弟から直接説明を受けたことが記されている（宮永孝『白い崖の国をたずねて』一〇六～一〇七頁）。この時、帰国中のブラントンも彼らに同行していた。

当時、日本における灯台建設の中心となった工部省灯台寮に勤務した外国人は百名ほどであったが、そのほとんどがスティーブンソン社から派遣された者である。その内訳は、鍛冶工、修理工、鉛管工、銅工、造船工、石工、大工などの技術者が中心であったが、この他に、スコットランド各地から集められた灯台守も含まれていた。灯台守は十五名から多い時期には二十五名に達し、外洋に面した重要な灯台に配置された。灯台守は灯台業務に通じているほか、機械の故障などにも対応できる技術力が要求されたが、灯台は岬や離島など人里から隔離されたところにあるため、それにもまして孤独に耐えうる強靱な精神力が必要とされた。この点では、スコットランド人は、冒険、勇気、行動、組織力の代名詞とも言われており、灯台守としてすぐれた資質を兼ね備えていたと言える。灯台守の給料が、一等灯明番で百二十五円、二等灯明番で百五円、三等灯明番で九十五円と高給であった（『日本燈台史』六一八頁）ことも彼らの来日の動機の一つであったに違いないが、決してそれだけではなかったと考える。十九世紀のスコットランドでは、「人間が最大の輸出品」と言われたように、海外移民を多く輩出した。一七〇七年の合同後も常にイングランドの後進・従属的地位におかれていたスコットランド人にとって、立身出世の道は植民地の外交官となって栄進するか、または、技師や商人になって海外で一旗揚げることだった。このような傾向は、特に、一八七〇年代に著しく、スコットランド人は、ヴィクトリア期イギリス資本主義の世界体制のなかで「先兵」として、また自らの新たな可能性を求めて広く海外に移り住んで行ったのである（北政巳『国際日本を拓いた人々』二六〜二七頁）。ブラントンをはじめ、我が国の灯台建設に関わった人々も、このような歴史的背景のもとで来日したのではなかっただろうか。

十一　ブラントンの日本観

樫野埼灯台の完成から二十年が過ぎた一八九〇（明治二十三）年九月十六日の夜、灯台直下でトルコ軍艦エルトゥールル号が遭難した（この事故については、第六章で詳細にふれる）。暗闇の中、荒れ狂う海に放り出されたトルコ将兵にとって、灯台から発せられる回転灯の光は生きる希望であり勇気となった。灯光を頼りに断崖を這い上がったトルコ人らは、真っ先に灯台官舎に助けを求めた。この時、ブラントンはすでに帰国していたが、自らが手がけた灯台直下で起きた未曾有の海難事故について知っていただろうか。

帰国後のブラントンは、イギリス土木技師協会会報に掲載された論文「日本の灯台」と、「パラフィン・オイルの製造研究」で、イギリス土木工学の栄誉であるテルフォード賞を二度も獲得した。このことからも、ブラントンがイギリス土木学会において確固たる地位を築いていたことが窺える。その後、グラスゴーのヤング・パラフィン会社の支配人を務め、一八八一年からの十五年間は建築装飾業を営み、劇場やホテル、公会堂などの建築に従事した。また、晩年にはロンドンに出て建築家としてイギリス各地の建物の設計などに携わった。

ブラントンは、死の数カ月前から、日本に関する自らの体験をまとめた手記（原題「ある国家の目覚め——日本の国際社会加入についての叙述と、その国民性についての個人的体験記」）の作成に取りかかった。執筆の目的について、「この国をたまたま訪れた旅行者によってこの国民が過大に美化されている弊害を私は強く感じている。そしてこの国民の性質についての誤解を正すにはその職分にある人物の内的性質を理解し、ありのままに叙述するのが最も正しい方法であると考えた」（『お雇い外人の見た近代日本』二六九頁）と述べている。

ブラントンは一九〇一年四月、ロンドンで亡くなった。ブラントンの六十年の生涯（一八四一〜一九〇一）は、まさにヴィクトリア時代（一八三七〜一九〇一）と重なる。ヴィクトリア時代のイギリス人は、自らの文明の高度さに酔いしれると共に、非ヨーロッパ世界を概して未開、野蛮な世界とみなし、そこを「文明化」することに義務と責任を感じていた（東田雅博『図像のなかの中国と日本』一六頁）。ヴィクトリアンであったブラントンにとって、非文明国とみなしていた日本に西洋近代文明の光を灯すことは、当然の責務と感じられたことだろう。ブラントンは、日本における自らの体験を「十カ年近くこの国に在住してほとんどあらゆる階層の人々と親しく接触した私は、その経験がある特殊な分野に限られたものであることは断言するが、しかしこの経験こそは現在この国民に文明の恩恵を与えるに良い機会であったと思っている」（『お雇い外人の見た近代日本』二六九頁）と回想しているが、手記が書かれた頃の日本は日清戦争に勝利し、ヨーロッパ列強からも注目されるようになっていた。

　ブラントンは、日本が美化され過大評価されることに危機感を感じていたようで、手記の中で「日清戦争での勝利によって誇張された評価は、日本人に過剰な自尊心を持たせてしまった。そのことは災いへとつながるかもしれない。いやおそらくそうなるであろう」（『*Schoolmaster to an Empire*』五五頁）と記している。十九世紀末、ボーア戦争への対処で疲弊し、また極東では義和団事変に続くロシアの満州占領という事態に直面し、イギリスでは日本との同盟への機運が高まりつつあった。ブラントンは、アジアにおけるイギリスの同盟国として日本を認めつつも、日本が過大評価され美化される風潮に、ある種の警戒感を抱いていたのかもしれない。それ故、ブラントンは自らの体験を通して見た日本と日本人について、ありのままに記述することで、親密になりつつある日英関係を危惧し、イギリス国民に警鐘を鳴らそうとしたのではないかと考えるのである。

＊1　ブラントンは一八六八（明治元）年二月二十四日に採用され、同年八月八日に来日した（R・H・ブラントン『お雇い外人の見た近代日本』二八頁）。

＊2　イギリスでは一八四四〜四六年の間に鉄道建設ブームが起こり、多くの新線が計画され建設された結果、一八五〇年頃にはウェールズ、スコットランドの北部・中部・西部・南部海岸地帯とロンドンを結ぶ全国鉄道網が完成した（角山栄「イギリスの産業革命」四五頁）。

＊3　細かくした砕石を幾重にも敷き、その上をコールタールで舗装する工法。スコットランド人ジョン・マカダムが考案した。

＊4　スコットランドの中でも西部の重工業地帯が「大英帝国の工場」と讃えられた（北政巳『近代スコットランド移民史研究』五頁）。

第四章

熊野灘で起きたイギリス船の遭難

一　ノルマントン号の遭難

熊野灘で起きたイギリス船の遭難事故といえば、誰しもノルマントン号を思い浮かべるだろう。この事件は、我が国の不平等条約改正に大きな影響を与えたとして教科書にも掲載されるなど、広く知られている。

ノルマントン号（二百五十トン）は、横浜居留地三十六番アダムソン・ベル汽船会社が所有する貨物船で、横浜から神戸に向けて熊野灘を航行中、一八八六（明治十九）年十月二十四日夜八時頃、暴風雨のため遭難した。船には、製茶百五十トンを積載し、日本人乗客二十五人が乗船していた。当時、横浜・神戸間の鉄道は未だ開通しておらず、日本郵船が就航していたものの船賃が下等でも四円と高値であったのに対し、外国船の不定期航路では二円七十銭と割安だった。しかし、外国船のほとんどが貨物船で、客室の設備もなく、船底に積まれた石炭の上に板を並べて、船客はその上に筵《むしろ》を敷いて寝ていた。窓も、トイレもなく、移動するにはランプの明かりだけという過酷な状況だった。天候や荷物の都合で出港が遅れたり、三、四日も停泊するようなことも度々あった。

波間に漂うボートを最初に発見した樫野埼灯台職員は、すぐに樫野浦用係の斉藤半蔵に知らせた。折よく出張で樫野に来ていた大島村戸長木野仲輔は、漂流するボートがあることを知ると、早速、東風で時化《しけ》待ちしていた須江浦の漁師百四十一人に救助を依頼した。漁師たちは滝本彦右衛門指揮の下、鰹船九隻で荒波の中を救助に向かい、付近海域を捜索した結果、八名を載せたボートと七名を載せたボートを発見し、救助するが三名はすでに死亡していた。これとは別に船長ドレークを含む十三名はボートで海上を漂い、大漁旗を揚げていた串本の旧家を役所と勘違いして下浦海岸に上陸した。『串本のあゆみ』によれば、当時、串本では英語が話せる者がいなかったため、住民との間で全く言葉が通じず、「イギリス人の言葉は、まるでカエルの鳴き声のようだった」と記録されている。また、イギリス人を泊めた旧家の主人の話によると、「土足で家に上がったり、つばを吐いたり」と、大変困った様子であった。

須江浦の漁師たちによって救出された十二名と、自力で上陸した船長を含む十四名を合わせた二十六名は、串本の旧家に一泊し、翌二十六日、船長以下十五名が串本浦役場職員の沖美春に付き添われ、海路、田辺に向かった。西牟婁郡役所へ海難事故を報告すると共に、イギリス人らを上部機関に引き渡したのである。西牟婁郡役所では、田辺英語学校の教師を通訳として、船長から遭難状況を聞いたが、ドレーク船長は、「日本人の消息については知らない」と答えている。また、船長らは、しきりに陸路で神戸に行くことを請願したという。そこで、西牟婁郡役所は田辺警察署と協議の上、郡書記の宇井八十一郎と木下孝経巡査が同行し、船長他二名を引き連れ、二十六日午後、田辺を発ち、陸路、和歌山へと向かい、そこから汽船で大阪に到着。さらに鉄道に乗り換えて神戸に着いたのは二十九日の朝だった。田辺の西牟婁郡役所と串本に残っていた者たちは、それぞれ船で神戸に向かった。

日本政府が海難事故を知ったのは、事故から四日後の十月二十八日のことである。松本鼎和歌山県知事は井上馨外務大臣に、電報で「漂着現場が県庁から遠いうえに、英語に通じた者がいなかったので、遭難の事情を十分に聞くことができず、またノルマントン号の生存者が神戸に行くことを急いだので詳細な事実を知ることができなかった」と報告した（『和歌山県警察史』六五五頁）。

串本戸長岡本米治の報告書には、遭難者の発見から救助に至るまでの状況や乗組員から聞き出した事情が列記されていたが、日本人乗客数については正確な数字が把握できていなかった。

図①　楊州周延「紀伊海難船之図」（1886年、和歌山市立博物館所蔵）

　十一月一日から五日にかけて神戸にあるイギリス領事館で査問会が開かれたが、これは船長としての処置が正しいかどうかを審理し、船員免許の没収あるいはその業務を停止すべきかどうかを決めるもので、刑事裁判の性格を有するものではなかった。取り調べの中で、船長が「日本人に呼びかけたが、言葉がわからず呼びかけに応じなかった」と答えたことにより、イギリス神戸領事ジェームズ・ツループは、船長はじめイギリス人乗組員に過失はなかったと判断し、無罪の判決を下した。しかし、この判決を誰もが不審に思った。また、着物一着、下駄一足、漂流しなかったことから、イギリス人船員が脱出の際に日本人乗客を置き去りにしたという憶測も流れた。

この判決を不服とした内海忠勝兵庫県知事は、早速、井上外相に報告すると、井上外相は内海知事に告訴を急ぐよう電報を打った。それを受けて内海知事は、十一月十二日、ドレーク船長を殺人罪でイギリス領事館に告訴したのである。一八八六（明治十九）年十二月八日、横浜のイギリス法廷において開かれたドレーク船長の本公判では、「船長の尽くすべき義務を怠った」として、殺人罪で禁固三カ月の判決が下された。

それでは、ノルマントン号の沈没場所はどこか。事故発生の直後に潜水夫による捜査も行われたが沈没場所は確定できなかった。明治政府でも、十一月末、黒田綱彦内務参事官をはじめとする職員数名を勝浦に派遣し、一行は大阪商船会社の大龍丸で、十一月二十日に勝浦に入港した。これに際し、急使を以て呼び寄せられた三輪崎戸長沖周は、一日三十人から四十人の水夫を雇い、大龍丸の甲板に酒樽を置くなどして厚遇し、潜水、探索にあたらせたが、山成島東南一海里（千八百五十二メートル）の海域は五十尋（約九十一メートル）以上の深さで、当時の潜水技術では詳しく調査することは至難であった。そのため、二十四日にやむなく捜査を打ち切り、二十五日には解散した。しかし、ノルマントン号の捜索は、その後も行われた。『紀伊東牟婁郡誌　上巻』によれば、三輪崎の松尾徳三が当局の委託を受け、九州天草の潜水夫天野作太郎兄弟を雇い入れ、一カ月にわたって探査し、やっとノルマントン号の舷側らしきものに達し、これに太い綱を付けて海上に小樽を浮かせ、それに小旗を結びつけて標識としたことが記されているが、はたしてこれが本当にノルマントン号のものであったかは定かでない。

現在、紀伊勝浦沖を見下ろす狼煙山には「英国商船諾曼頬号沈没之碑」が立っているが〔図②〕、この碑は、遭難者八谷種次郎さんの遺児によって建てられたものである。ドレーク船長は、法廷で「遭難場所は大島沖」と話したが、那智村の田代亀吉が遭難事故当日の十時頃、山成島はるか東南で異様の大火を見たと証言したことに加え、翌二十五日朝、勝浦のサイラ船が山成島東南で多量の油を見たと証言したことから、狼煙山に木標を立てたという。しかし、難破した場所が大島沖か勝浦沖かは、未だに確定していない。

図②　ノルマントン号沈没の碑（狼煙山、筆者撮影）

ノルマントン号事件は、外国人の犯罪に対して直接裁判権を持たなかったために起きた屈辱的な出来事として、不平等条約撤廃を求める国民の声が一段と高まるきっかけとなった。

二　カーナボンセーア号とユリセス号の遭難

熊野灘で遭難したイギリス船はノルマントン号だけではなかった。ノルマントン号と前後して二隻のイギリス船が新宮近海で遭難事故を起こした。一八八三（明治十六）年四月二十日夜、横浜から神戸に向かって航行中のイギリス汽船カーナボンセーア号が、新宮の御手洗《みたらい》海岸で風浪と濃霧のため針路を誤り、浅瀬に乗り上げ船体を破損した。三輪崎村の畑中久蔵が遭難を発見し、直ちに村民に伝えた。知らせを聞いた三輪崎村戸長宇井仲次郎は村民と共に駆けつけ、また新宮町戸長中川寿が町民を率いてやってきた。東牟婁郡吏員と警察官が村民を指揮し、官民一体となって救護活動にあたったという。当時の証言によると、イギリス船の大きさは、横浜・神戸間を運行していた千六百トンの那智丸や牟婁丸よりも大きかったということから、二千トン級だったのではないかと推測されている。

新宮町民と三輪崎村民の救助活動に感謝したイギリス公使館は、十月十八日、イギリス領事一等副官ボナールを新宮及び三輪崎に派遣し、関係者に感謝状と記念品を贈呈した。東牟婁郡役所と新宮町戸長中川寿、三輪崎村戸長宇井仲次郎、三輪崎村用係石崎宇兵衛には、柱時計各一個、第一発見者である畑中久蔵には懐中時計一個、新宮町役場と三輪崎村役場にはそれぞれ望遠鏡が贈られた。このことから、いかにイギリス政府が新宮町民や三輪崎村民の救助に感謝していたかがわかる。

新宮町がイギリス公使館から贈られた望遠鏡は、現在新宮市立歴史民俗資料館に大切に保存されている［図③］。望遠鏡の頭部には、英文で次のような内容が刻まれていた。

西暦一八八三年四月二十日、新宮御手洗海岸において難破したカーナボンセーア号の乗組員に対し示されたる人類愛の精神と親切に感謝するために日本国新宮町（三輪崎村）の住民に対してイギリス政府より贈呈す。

一八九〇（明治二十三）年四月二十一日午後十二時頃、イギリス船ユリセス号が三輪崎の孔島《くしま》付近で暗礁に乗り上げ浸水した。三輪崎村の人々はユリセス号の号砲を耳にし、暗闇で、しかも風雨の中を、数艘の船を出して懸命に救助にあたったという。乗組員は日本語が通じず詳細はわからなかったが、神戸領事館に電報を打つと共に、二十四日、和歌山県知事に報告した。積み荷の煙草（七トン）、茶（二十五トン）、雑貨（三十トン）は、全て水浸しになったという。船長以下乗組員は、一週間ほど三輪崎五軒の民家に分宿し、地域の人たちから手厚い保護を受け善後処理のため一週間滞在した後、神戸に送られた。先のカーナボンセーア号の時も含め、新宮及び三輪崎の人々の好意に対し、イギリス公使は外務大臣青木周蔵を介して謝意を表明した。

ノルマントン号、カーナボンセーア号、ユリセス号の共通点は、いずれもイギリス船で、横浜から神戸に向かう途中であったことである。開港場においてはイギリス人の割合が高く、横浜・神戸間の開港場貿易が盛んであった。

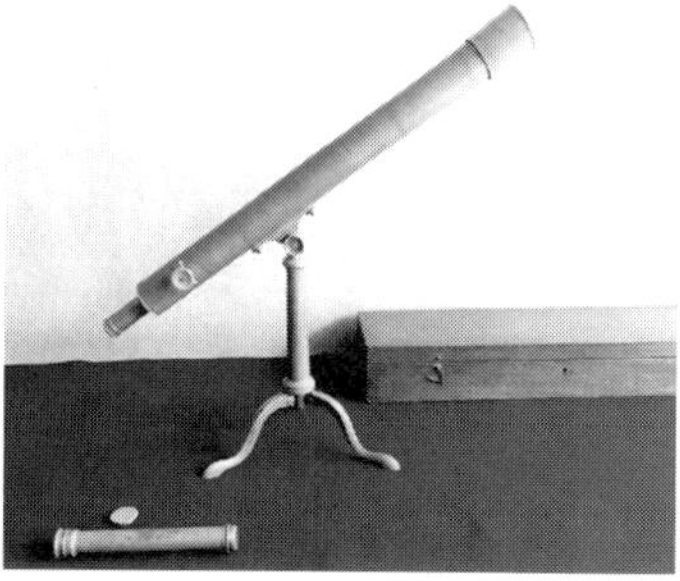
図③　イギリス公使館から新宮町に贈られた望遠鏡（新宮市立歴史民俗資料館所蔵、筆者撮影）

三　遭難事故多発の諸事情

熊野灘で海難事故が多発するようになったのは、物資の流通が盛んになった江戸中期からである。もちろんこの時代は日本の船だが、江戸・大阪間の商品輸送が大量となり、就航する船が激増し、それにともない海難事故や漂流も頻発した。江戸・大阪間の航路では、特に遠州灘と熊野灘が難所で、海難の件数は最も多かった。「古座組難船文書」（一七〇九〔宝永六〕年・一八六七〔慶応三〕年）の中に、多くの難船を見いだすことができる。これらの難船のほとんどが近世日本の代表的な弁才船（いわゆる千石船）であった。弁才船は元来、瀬戸内海を中心に発達した船であるために、荒天候や外海での航海には不向きであった。船体に甲板がなく積み降ろしに便利で、大量の貨物を積み上げることができる反面、荒天候に弱く、海水が浸水して遭難事故を引き起こした。

江戸時代を通して航海術は進歩をとげ、それまでの地乗り（陸岸沿いの航海）から、沖乗り（沖を通る航海）に変わり、夜間航海も可能となった。しかし、このような航海の効率化はかえって漂流多発の原因ともなった。熊野灘は黒潮の流れが速く、暗礁や岩礁も多いことから、古来より航海の難所として船乗りたちから恐れられてきた。開国後は、我が国に来航する外国船にとっても熊野灘は難所中の難所となり、外国人船員から「日本の遭難海岸」と呼ばれ恐れられた。それゆえ、一八七〇（明治三）年、他の地域に先駆けて樫野崎と潮岬に洋式灯台が建設されたのは、第三章で見た通りである。しかし、遭難事故はなくなることはなかった。

熊野灘で起きた外国船の海難事故の原因としては、まず第一に海図の不備が挙げられる。日本沿岸の近代的海図は、伊能忠敬の「大日本沿海輿地全図」をもとにイギリス海軍が作成し、一八六二年に刊行したものが最初である。その後、イギリスから水深測量や海図作成の技術を学び、兵部省海軍部水路局のもとで日本独自の海図（北海道釜石港）が作成されたのが一八七二（明治五）年のことで、熊野灘の海図が作成されたのは一九〇四（明治三十七）年であったという。従って、本章で見てきたイギリス船カーナボンセーア号、ノルマントン号、ユリセス号、第六章で詳述するオスマン帝国軍艦エルトゥール号などの外国船は、日本海軍部水路局作成の実測による海図は持っていなかったことになる。

次に、黒潮の反流現象も、海難事故の誘因の一つであったと考えられる。黒潮反流とは、黒潮が日本列島太平洋岸に沿って東へ直進する時、熊野灘から遠州灘にかけて生じる弱い左旋環流である。地元の漁師が、これを「上り潮」といい、黒潮本流を「下り潮」と呼ぶのは、かつて京都や大阪方面を上方と読んだことにちなんでいる。黒潮反流は通常一〜一・五マイルの速さで、気象条件の良い時には、それほど船舶への影響はないといわれるが、夜間航行中に台風や時化などの悪天候に見舞われ、船が方向を見失った場合、黒潮反流によって流され暗礁や岩礁に激突するのである。

沿岸漁業に従事する漁船や鯨船は、明治期にはほとんどが小型の櫓漕ぎ船であったため、悪天候には弱かった。明治末から昭和にかけて動力船が多くなり、それまでの無動力船に取って代わるが、機関の故障も多く、よく遭難した。熊野灘で遭難した船は、たいてい黒潮にのって八丈島方面へ流された。中には次章でふれる「良栄丸」のように、漂着もせず、発見もされず、潮流のなすがままにアメリカ西海岸まで漂流したという話もある。

第五章　熊野漁民の遭難

一　太地捕鯨船団の遭難

「鯨の町」として知られる太地町《たいじ》に「漂流人紀念碑」がある〔図①〕。碑は、一八七八（明治十一）年十二月末に起きた太地捕鯨船団遭難事故を悼んで建立されたものである。

一八七八（明治十一）年十二月二十四日午後二時半頃、沖合に子連れのセミクジラを発見した太地鯨方は、十九隻に百八十四名が乗り込み出漁した。しかし、この時間からの操業は日照時間の短いこの季節にあっては大変な危険が伴った。また北東から吹く風もよくなかった。翌朝、巨大セミクジラに何度も網を掛け、さらに銛《もり》を打ち込むなど悪戦苦闘を続けたが、クジラを捕獲することができず、しだいに沖へ沖へと流されていった。午前十時すぎになって、ようやくクジラを仕留め、持双船に縛り付けて曳航にかかるが、クジラがあまりにも大きかったのと、加えて潮の流れが速く西風が激しく吹く中では思うようにはいかず、船団はさらに沖へ沖へと流されていった。離れればなれになるまいと互いの船と船を縛り付けたが、もはや如何ともしがたく危険な状態となったので、夕刻やむなくクジラの網を切り曳航を断念する。しかし、時すでに遅く、船団の大半が遭難し、百八名が犠牲となった。

漂流者の内で九死に一生を得た羽刺《はざし》の脊古沢太夫は、悲惨を極めた様子を次のように回想している。

各舟綱を以て連結を堅くし、運を天に任す事にしたが、西北の風はいよ〳〵荒く吹き荒み、高浪舷を洗ふて浸水甚だしく連結の為め反って舟と舟との激突を来し危険となりし為、各舟自由の行動を採る事として綱を解いたが、自由の行動所でない、忽ち強風怒濤に払はれ、父子兄弟同舟の者もあったが、乗り代る事も出来得ず、互いに別れ別れとなりて相呼応しつゝ波間に没し去る者も少なくなかった。此時の惨状は思う度毎に戦慄せずには居られぬ。全く地獄と云うは今此時であるかと思ふたとの事である。前日来一粒の飯、一滴の水だに口にせず、時は師走の二日の夜である。

（熊野太地浦捕鯨史編纂委員会『熊野の太地　鯨に挑む町』一五三頁）

遭難した時、沢太夫が乗る持双船には二十八名が乗り込んでいたが、そのうち飢えと寒さで四名が亡くなり、残りも瀕死者ばかりで舵を手にする者はいなかった。ただただ、神仏に祈り、運を天に任せるしかなかったのである。三十日になって遠くに富士山が見え、また近くに小島（伊豆神津島）が見えた時は、倒れている者も頭を上げて喜んだという。

図①　漂流人紀念碑（太地町、筆者撮影）

距離は遠いが確実に陸地にたどりつける可能性がある富士山を目指すか、それとも近くの小島を目指すかで意見が分かれたが、多くの者は、たとえ無人島であったとしても、同じ死ぬのであれば一滴の水でも早く飲みたいと人家の有無は天に委ねて小島に舵を切ることを望んだ。同日、午後七時頃、船は小島に近づくが怒濤により転覆。無事、漂着した者は八名で、そのほとんどが気絶状態だったという。幸いなことに島は無人島ではなく、沢太夫たちは島民の献身的な介抱によって生き返ったのである。彼らが故郷の土を踏むことができたのは、翌一八七九（明治十二）年三月十八日のことであった。「大《おお》背《せ》美《み》流《なが》れ」といわれるこの遭難事件によって、伝統的な古式捕鯨は終焉を迎えることになる。

二　勝浦サンマ船団の遭難

太地町の隣、那智勝浦町にも「熊野洋漁船遭難記念碑」がある。碑は、二百二十九名もの犠牲者を出した勝浦サンマ船団の遭難事故を悼んで建立されたものである。一八九二（明治二十五）年十二月二十八日、勝浦沖にサンマの大群が押し寄せたので、早速、勝浦港からサンマ漁船六十二隻に七百四十九名が乗り組み出漁した。船団には、勝浦以外にも、田辺をはじめ、西牟婁郡や日高郡の各村々から多くの漁師が勝浦港に集結し参加していた。午前中の操業でサンマは大漁となったが、午後から吹き出したアナセ（西北の強風）のため危険な状態となったので、漁獲物を海に投じ進路を三重県三木崎沖へ取った。しかし、強風には逆らうことができず黒潮本流まで流されたのである。この時、五十二隻が遭難、多くの漁師が漂流した。冬の海の寒さと食糧不足で凍死者が続出する中にあって、三十一日、八丈島にたどり着いた人々もいた。たまたま、この日は八丈島の八重根港の祭りで、提灯や灯籠明りは漂流民にとって格好の目印となった。島の人々もまた、火を燃やし粥を炊いて救助と看護にあたったという。漂流民二十一名は、十八軒の民家に分宿し、また船と船具を

図②　熊野洋漁船遭難記念碑（那智勝浦町、筆者撮影）

売った金百五十円で米と甘藷を約十日分確保して、救援船を待ったという。一八九三（明治二十六）年一月十六日、明治政府は軍艦「天城」を、また二月四日には軍艦「武蔵」を派遣して漂流民を救助した。遭難者の中には、田辺や西牟婁郡内の漁師百十名も含まれていたことから、田辺市の龍泉寺にも「勝浦沖難船溺死者之碑」が建てられている。

三　良栄丸の遭難

黒潮に乗って漂流したという話の中でも、「良栄丸」の事件ほど衝撃的なものはない。串本町和深《わぶか》のマグロ漁船である良栄丸が、アメリカ太平洋岸のワシントン州フラッタ一岬沖でアメリカ貨物船マーガレット・ダラー号によって発見されたのである。

一九二六（大正十五）年九月十四日に串本町和深の田子港を出港した良栄丸は、千葉県銚子沖で操業中の十二月七日、機関の故障と天候悪化のため航行の自由を失い、一九二七（昭和二）年十月三十一日にアメリカ西海岸で発見されるまでの十一カ月間、太平洋を漂流していた。発見された時、乗組員は全員餓死しており、一部はミイラになっていたという。当時アメリカでは、一九二四年に「排日移民法」が制定されたこともあり、排日系の新聞は、原色鮮やかな大漁旗を女物の着物と見間違い、「女を奪い合うため男たちが殺し合った」などとデマを流した。しかし実際は船長の遺言にも見られるように、乗組員全員が最後まで懸命に生きようとしたのであった。漂流中の様子については、乗組員による克明な航海日記から知ることができる。

漂流直後の十二月十二日の航海日記には、「……ノースより少し風吹き出し、午後一時より追手風強くなり、約六、七哩走っている、此の時一同は大喜びである、中には夜が明けたら山が見へる、其れかと思ふと何時の事やら、先ず食物を大切にと云う事になった」（『串本町史　史料編』一〇一八頁）とある。この時点での食物は、米四俵、醤油三升、カンピョウ百目、メカ魚（メカジキ）二百貫、サメ二十本、イカ三百枚があり、満三カ月は大丈夫だという船長の意見に、皆これに決意（賛成）したとある。

良栄丸は、漂流中に何度か船を見つけ信号を送ったが、広い大海原で小さな船に気づくことは難しく、いずれも船は通りすぎていってしまった。そこで、フライキ（大漁旗）を帆の代用にして八丈島に向かおうとしたが、西風が強いためうまくいかず、やむなくアメリカに向けて東に舵を切った。これに、黒潮の流れも手伝って、良栄丸は太平洋の真ん中に流されていったのである。やがて食料も底をつき、魚を釣ったり船に近づく大鳥を捕ったりして飢えを凌いだが、遭難三カ月目を迎える三月になると七名が次々と倒れ、また翌四月には三名が亡くなり、残るは三鬼登喜造船長と航海日記を付け続けた松本源之助だけとなった。そして、ついに残る二人も病気になり、舵を取るのも難しく、食事を取ることもできなくなっていった。五月十一日の最後の航海日誌には、「十一日　NNWの風稍強く波高し、帆上たまゝ流船す、SSWに船はどん〴〵走っている、船長の小言に毎日泣いている、病気」で終わっている。串本町無量寺の応挙芦雪館には、長方形の板に墨で書かれた遺書が保存されているが、そこには次のように書かれている。

右十二人大正十五年十二月五日、神奈川県三崎港出発営業中、機関クランク部破レ、食料白米壱六斗煮ニテ今日マデ命ヲ保チ、汽船出会ワズ、何ノ勇気モ無クココニ死ヲ決ス　大正十六年新三月六日

（『串本町史 通史編』七六一頁）

三月六日に全員意を決して書いたのであろう。大正から昭和に改元したことなど、漂流中の人々は知る由もなかった。海の怖さを身をもって体験した船長の遺書には、息子に宛てて「絶対漁師にならないように」と記されてあった（『串本町史 通史編』七六三〜七六四頁）。

四　海の恵みと脅威

熊野の海は、黒潮に沿って回遊するカツオやマグロ、沿岸ではアジ、サバ、イワシ、また寒流にのって南下するサンマなどが入り交じる豊かな漁場である。熊野の海がもたらす恵みの中でも、クジラは最大で、「鯨一頭捕れば、七浦潤う」といわれるほど莫大な富をもたらした。近世初めに三河で開発されたといわれる「突取式捕鯨」は、南下するクジラと共に伊勢から志摩、そして熊野へと伝わった。熊野では、三輪崎浦の漁師たちがクジラを追って南下し、宇久井浦、勝浦、森浦、太地浦、古座浦、樫野浦などに捕鯨を伝えたといわれている。熊野で捕鯨が盛んになったのは江戸時代の初めで、それは太地鯨方本家の和田頼治によって「網取式捕鯨」が開発されてからである。「網取式」とは、勢子舟十数隻、網舟四~五隻、持双船二隻で沖合に待機し、山見の合図で勢子舟が後方からクジラを追い、クジラが網に入るや突進して銛を打ち込むというやり方で、この方法のお陰でセミクジラやマッコウクジラ以外にも、行動が敏捷なザトウクジラやイワシクジラも捕獲できるようになった。

太地では、江戸時代前期の一六八一（天和元）年に、年間九十五頭のクジラが捕れ、総額六百両を越す収益があった。また、二年後の一六八三（天和三）年の暮から翌年春までの間に、ザトウクジラ九十一頭、セミクジラ二頭、コククジラ三頭を捕獲している。当時、クジラの値段は種類や大きさによっても異なるが、コイワシクジラで五〜十両、コククジラで三十両、ザトウクジラで五十〜百両、セミクジラで百二十両、大型のセミクジラでは三百両にもなったという。当時、いかに太地がクジラで繁栄していたかについては、井原西鶴の『日本永代蔵』に、「七浦の賑わいは竈の煙は立ち続き、鯨の油を搾れば千樽以上となり、その身、皮、ひれまで捨てるところはなく、長者になる訳はこれなのである」とあることからも、その様子が想像できる。また、

西鶴は、太地角右衛門頼治をモデルにした「天狗源内」なる人物を描き、「源内は檜造りの長屋に住み、二百余人の漁師を抱え、船も八十艘、何をしても成功し、今は金銀がうめきて、如何に使っても減ることはない」と記している。太地はクジラで潤っていたのである。

『南紀徳川史』には、クジラ以外にも、寛政初期の熊野の各浦々でサンマやトビウオ、ボラ、イ

図③　「太地浦絵巻」(太地町立くじら博物館所蔵)

図④　ザトウクジラの網掛け(太地町立くじら博物館所蔵)

ワシ、カマスなどの各網漁が盛況であったことが記されている。その中でも、特にサンマ漁は、「サイラ大網」と呼ばれ、江戸前期に紀州熊野に興こったと記されている。ちなみに、熊野ではサンマのことをサイラと呼び、サイラの姿寿司は正月料理には欠かせない一品となっている。明治以降に「流し刺網」が発明されたことや漁船の動力化などによって、サンマ漁は急速に発展した。『串本のあゆみ　明治篇』には、一八七七（明治十）年八月、サンマが大漁で一網百万匹の水揚げがあったことから、地元の人々は「サイラ百万歳」と呼び、網元は餅をついて祝ったとある。

熊野では、「時化《しけ》の来る時、サンマは親潮に乗って陸に近づく」と言われるが、時化の前後には、サンマ以外にもブリ、イワシ、サバ、イカなどの魚がよく獲れる。しかし、海の仕事は海況や気象などによって思わぬ災害を招き、特に冬の突風のような激変する気象変化は、多くの海難事故を引き起こしたため、「運不運は紙一重」「板子一枚下地獄」などと言われてきた。クジラといいサンマといい、熊野の海は人々に豊かな恵みをもたらしてきた。しかし、この恵みの海が一瞬にして恐怖の海と化し、太地捕鯨船団や勝浦サンマ船団の遭難事故を引き起こしたことを忘れてはならない。

第六章　エルトゥールル号遭難の歴史的背景

一　日土友好の原点

一八九〇（明治二十三）年、紀伊大島沖で起きたトルコ軍艦エルトゥールル号の遭難事件は、近年、多くの人々に知られるようになったが、二十年程前までは遭難現場である串本町や和歌山県は別として、全国的にはほとんど知られてはいなかった。広く知られるようになったきっかけは、二〇〇二（平成十四）年のサッカーワールドカップでの日本対トルコ戦であった。試合は、トルコが1対0で勝利したが、トルコ国内の各紙は自国の勝利を讃えると同時に、日本への賛辞を忘れなかった。また、日本でも、対トルコ戦以後、トルコを応援する人々が多かった。

翌二〇〇三（平成十五）年、両国の外務省が共同で、日本とトルコの間に築かれた友好関係をさらに発展させることを目的に、「日本におけるトルコ年」を宣言し、全国各地で文化、芸術、経済、観光などのイベントを催した。また、テレビ番組でも日本とトルコの関係が取り上げられ、イラン・イラク戦争中におけるテヘランの日本人救出という出来事には多くの人の注目が集まった。

一九八五年、イラクのフセイン大統領はテヘラン空爆を通告し、テヘラン在住の外国人駐在員とその家族は自国の救援機で次々と脱出していった。しかし、日本からの救援機はなかなか来ず、日本人約三百名は不安な日々を送っていたが、そこにトルコ機がやってきて、彼らを救出したのである。当初、日本人の多くは、なぜ、トルコが助け船を出してくれたのかわからなかったが、その背景にあった出来事として、九十五年前、大島でトルコ軍艦が遭難した際、地域住民が救出に尽力したことを知ったのである。

エルトゥールル号の遭難事件については、我が国では地域住民による必死の救助活動や、日本政府が二隻の軍艦で生き残った将兵をトルコに送り届けたこと、また茶道家山田寅次郎が中心となって募金活動を行ったことなど、人道上の美談として長く語られてきた。また、トルコにおいても、大島の人々の献身的な救助や日本政府の対応が教科書に掲載されるなど、広く知られていた。

しかし、エルトゥールル号の遭難事件といえば、我が国では「悲劇性」と「日土友好」ばかり話題に上り、トルコ軍艦が日本に派遣された背景などについては語られることが少なかった。十九世紀末、国家財政が破綻し西欧列強から「瀕死の病人」と見なされていたオスマン帝国が、なぜ、エルトゥールル号を日本に派遣したのか。エルトゥールル号の日本派遣を命じたスルタン（トルコ系の王朝の君主の称号）、アブデュル・ハミト二世を中心に考察したい。

二　遭難事件

一八九〇（明治二十三）年九月十六日の夜、トルコ軍艦エルトゥールル号が大島沖で遭難した。エルトゥールル号は、アブデュル・ハミト二世の命を受けて六月七日に来日したもので、三カ月の日本滞在後、九月十五日に長浦（現在の横須賀市）を出港し帰途についたところであった。出航後は天候もよく、次の寄港地である神戸に向けて順調に航海していたが、熊野灘にさしかかる頃より台風接近による暴風雨に見舞われ、樫野埼灯台下の岩礁に激突した。いきなり嵐の海に投げ出されたトルコ将兵の多くがその命を失った。幸運にも岸にたどり着いた者たちは、暗闇の中、灯台の光を頼りに断崖を這い上がり樫野埼灯台に助けを求めた。

灯台は、これより二十年前の一八七〇（明治三）年、イギリス人技師リチャード・ヘンリー・ブラントンによって建設されたものであった（第三章参照）。一八七七（明治十）年頃まではイギリス人灯台守が勤務していたが、その後は日本人灯台守二名が昼夜の職務に就き、熊野灘における海難防止にあたっていた。遭難事故当日、当直だった乃美権之丞は、突然、助けを求めて灯台の戸を叩いた遭難者を見て海難事故が起きたことを直感し、灯台官舎にいる主任の瀧澤正浄に知らせた。瀧澤は、万国信号ブックを遭難者に示し、これによってトルコ軍艦が遭難したことを知ったのである。やがて、次から次へと遭難者が灯台につめかけ、灯台職員だけでは対応ができなくなったため、使いを樫野区長斉藤半之右衛門宅へ走らせ、事態を知らせた。

図①　エルトゥールル号（串本町提供）

翌十七日の早朝、灯台官舎には、さらに多くのトルコ人が助けを求めてやってきたので、樫野の大龍寺に移し治療を施したが手狭になったため、負傷者らを大島の蓮正寺に移すことに決め、歩行困難な者は船に乗せて大島地区まで運んだ。蓮正寺では、負傷者らに番号を振って治療が施され、看護者としても十名が徴用され、治療に際しては詳細な診断書も作成された。大島は離島のため飲み水や食料に乏しく、島民は食べるものにも事欠いていたが、各家々から、飼っていた鶏、イモ、浴衣などを供出し、寝食を忘れて看護にあたった。

かつて、和歌山県内の二十六カ所には浦役場が設置され、区長、戸長、副戸長が事務を管轄し、漂泊船に関する庶務や難破船の取り扱いの任を担っていたが、一八八九（明治二十二）年、市制町村制の施行に伴って浦役場は廃止となった。浦役場に代って大島村役場が新設された大島には、大島、須江、樫野の三つの地区があり、大島地区には村長、須江と樫野地区には区長が置かれていた。初代大島村長になったのは新宮三輪崎村外四カ村戸長を務めた沖周（大島出身）であった。

沖周が残した「土耳其軍艦アルトグラー号難事取扱ニ係ル日記」[*1]には、事故翌日からの大島住民による捜索活動の詳細が記されている。これによると、樫野区長斉藤半之右衛門から沖のもとに遭難の第一報が届いたのは、九月十七日の朝だった。知らせを受けるや沖村長は、大島村が帰属する東牟妻郡役所（新宮町）への報告と、和歌山県庁に電報を打つため、使者を新宮町と電報局があった田辺町に送った。同時に、大島村の医師に出張を要請すると共に食糧の準備等の手配を迅速に行い、自らも遭難現場に駆けつけた。

トルコ軍艦遭難事件は、内務省が直轄する出先機関である県庁・郡役所、その下の市町村役場という階層的状況の中で新たな連携が模索されている最中に起きた事件であった。遭難事故の初期段階において、沖村長が的確な対応をとり、その記録が残されていることについて、防災上特筆すべきこととして国の中央防災会議も高く評価している（『1890エルトゥールル号事件報告書』）。

図②　エルトゥールル号が遭難した付近の海（筆者撮影）

また、沖村長は上部機関である和歌山県庁に迅速に報告のための使者を派遣、連絡を行うと共に、嵐を避けて大島港に停泊していた共栄汽船所有防長丸に、兵庫県知事に事故の詳細を報告することを依頼し、さらには生き残った将兵の中からハイダールとイスマイルの二名を選び、大島村役場職員を随行させ、神戸に向かわせた。遭難の知らせを受けた兵庫県知事は、早速、神戸港に停泊中のドイツ軍艦ウォルフ号に対し大島に急行して負傷者の救済を依頼した。

一方、遭難事故を知った海軍省は、遭難者救助のために軍艦八重山を派遣したが、これは明治天皇の強い要請があったからである。トルコ使節団は、アブデュル・ハミト二世の命を受けて来日したことから、皇室や宮内省でも遭難を大いに心配していた。八重山にはトルコ人生存者を東京に送致するという使命が課せられていたのである。しかし、八重山は出港に手間取り、また遠州灘で暴風雨に遭遇したこともあって、大島到着は二十一日朝となり、遭難者の多くはウォルフ号によって救助され神戸に立ち去った後であった。

図③　オスマン・パシャ（串本町提供）

遭難現場における捜索は、当初は、特使オスマン・パシャ〔図③〕を皇族と誤認したこともあって、新宮から潮岬に至る沿岸各村に、オスマン・パシャの容貌について記した広告文を配布し、遺体を見つけた者には銘酒一斗の懸賞まで付けて探索に努めたが、発見には至らなかった。遺品の収集は年を越えて続けられ、一八九一（明治二十四）年十一月十八日付の和歌山県知事の訓令により、東牟婁郡役所・警察署・大島村役場に対して、保管物品を横浜に回送するよう取り計られた。なお、大島及び対岸の古座で二百十一名の遺体が検視・埋葬されたが、最後までオスマン・パシャの遺体が発見されることはなかった。救出された遭難者らは、ウォルフ号で神戸に送られ、和田岬消毒所において、日本赤十

図④　神戸の和田岬消毒所にて治療を受ける生存者たち（串本町提供）

字社の医師らによって再度治療が施された。明治政府は、遭難者に対する救護費を国庫から出費することや、生存者については軍艦比叡と金剛でトルコに送り届けること、また難破したエルトゥールル号から回収した武器や装備品をフランス船でトルコに送り届けることなどを決定した。十月五日、品川を出港した比叡と金剛は、九日に神戸に到着し、生存者らを分乗させて、十一日未明、神戸を出港した。

エルトゥールル号の遭難は、当時の日本における最大級の海難事故であり、しかもオスマン帝国スルタンの命によって明治天皇への特使が乗船していたこともあって、各新聞社はこれを一斉に取り上げた。それによって、

図⑤　エルトゥールル号殉難将士慰霊碑（筆者撮影）

犠牲者に対する同情の声は日本中に広まった。中でも茶道家元の山田寅次郎は、新聞社の協力を得て全国各地を奔走し多額の義捐金を集め、これを持ってトルコに渡り、アブデュル・ハミト二世に手渡した。

一方、和歌山県知事石井忠亮も募金運動の先頭に立ち、遭難から半年たった一八九一（明治二十四）年二月、遭難現場を見下ろす樫野崎に最初の墓碑が建てられた。また、同年九月には侯爵徳川茂承の多額の寄付によって慰霊碑が建立された〔図⑤〕。このような日本側の動きに対し、アブデュル・ハミト二世は侍従武官メフメト少佐を日本に派遣し、エルトゥールル号乗組員の救助に対する明治天皇の好意に深く感謝すると共に、大島村に三千円を送金し、救助活動に感謝の意を表した。

三　苦難の航海

エルトゥールル号の悲劇はイスタンブール出航前から始まっていた。日本に使節団派遣の決定を受けて、オスマン海軍は木造フリゲート艦エルトゥールル号を選んだが、老朽艦のため極東への遠洋航海は無理であるとの反対意見が各方面から出された。しかし、海軍省は欠陥があるならば整備するという条件の下で派遣を決定した。小松香織氏は、当時のオスマン海軍の記録では、保有艦の中で日本派遣の任務に適した軍艦は四隻しかなく、うち一隻は修理中で、エルトゥールル号はむしろもっとも新しい時期に改装された軍艦であり、海軍は、エルトゥールル号で強行するかスルタンの熱望する計画を中止するか、どちらかを選ばざるをえなかったと述べている（『オスマン帝国の近代と海軍』六二頁）。

一八八九年七月十四日、エルトゥールル号は多くの人々に見送られてイスタンブールを出航した。ところが、まもなく人々の不安は的中することになる。エルトゥールル号はスエズ運河を通過中、二度も事故を起こし、修理に二カ月を費やしたのである。一度目の事故は水先案内人の不手際のために砂州に乗り上げ、二度目は岸にぶつかり舵を損傷した。二カ月という期間については、スエズ運河の通過料金が予想以上に高かったため金の工面

図⑥　エルトゥールル号乗組員の集合写真(串本町提供)

ができるまで時間がかかったという説もある。

その後は、アデン、ボンベイ、コロンボに寄港し、シンガポールに着いたのは十一月十五日のことであった。イスタンブールを出港してから、すでに四カ月が過ぎていた。

エルトゥールル号は、四カ月もの長期にわたってシンガポールに滞在したのだが、これは長い航海において船体が痛み修理が必要とされたことに加え、本国からの送金と日本に向けての順風を待つためであった。また、燃料である石炭の購入もスムーズにいかなかったのであるが、このような長期滞在はトルコ側の財政をいっそう圧迫することになった。

一八九〇年三月二十二日、エルトゥールル号はシンガポールを出港するが、その後の航海も順調ではなかった。逆風のために蒸気機関での航行を余儀なくされ、シンガポールで調達した石炭では間に合わず、再びサイゴンで石炭を調達することになった。そして、香港、福州、長崎、神戸を経て横浜に到着したのは、イスタンブールを出航してから十一カ月が過ぎた六月七日のことであった。

四　コレラ事件

横浜に上陸したオスマン・パシャ一行は、汽車で新橋に向かい鹿鳴館を宿舎とした。六月十二日、オスマン・パシャは、アリー・ベイ艦長ら随員を率いて皇居に参内、明治天皇にアブデュル・ハミト二世からの親書とトルコ国最高のイムティヤーズ勲章を奉呈した。この時、オスマン・パシャは、「わたしは、陛下のご多幸とお国の繁栄をお祈りする役目を、わが君主より仰せつかる名誉に浴しております。陛下のご加護のもと大日本帝国が遂げた驚くべきご発展に、スルタン陛下は大きな関心を寄せられ、自らの手本としております。また、陛下は、貴国の発展が今後も続くことにより、両国の完全な友好関係が誕生することを望んでおります」とスピーチした（ウムット・アルク『トルコと日本』三二～三三頁）。

その日の晩餐会には、日本側からは小松宮彰仁親王、貞愛親王、大山巌陸相、青木外相、樺山海相ら主要閣僚と徳大寺侍従長ら宮内省関係者らが出席し、トルコ側からもオスマン・パシャ、アリ・ベイ艦長、ジェミール・ベイ海軍大佐らが列席した。明治天皇は、オスマン・パシャに日本までの航海の様子を聞いたり、小松宮がイスタンブール訪問の際にトルコ側から受けたもてなしに対し謝意を表したりしたという。

使命を果たしたオスマン・パシャ以下、トルコ将兵らは、日本を離れるまでの間、横浜に停泊中の各国軍艦対抗ボートレースにトルコチームとして参加し優勝するなど、日本での日々を楽しんだ。ところが、七月に入り、帰国間近のトルコ使節団を思いもよらぬ惨事が襲った。コレラである。

幕末以降、日本では何度となくコレラが流行しており、エルトゥールル号が来日した一八九〇（明治二十三）年六月には、長崎港で突然コレラが蔓延し、九州から全国に伝播した。『神奈川県史』（通史編4、六二〇頁）によると、その夏、東京・横浜をはじめ日本各地でもコレラが流行し、患者四万六千十六人、死者三万五千二百二十一人を数えたという。

まず、七月十八日に上陸したエルトゥールル号の乗組員一名がコレラに感染し、死亡した。コレラの被害はさらに広がり、二十一日には患者は十二名に増加。さらに肺結核で一名が死亡したため、計十三名の死者がでた。トルコ側は、宗教上の理由から火葬を忌み嫌い水葬にしたいと横浜警察署に申し入れた結果、湾外の沖にて水葬が実施されたが、エルトゥールル号は横浜から船舶検疫所があった長浦（横須賀）に回航させられた。

七月二十一日と二十二日には第一回目の消毒作業が行われた。乗組員二百人を上陸させ、全員入浴させるなど徹底したものであった。室内やその他必要と認められる箇所には石炭酸水を散布の上、海水を注いで洗浄し、感染者は入院させて治療を施したことなどが記されている（『神奈川県史』通史編4、六二〇頁）。エルトゥールル号艦内の消毒とコレラ患者の入院治療が完全に終わったのは八月二十日のことである。

トルコ使節団の日本滞在は、来日後、すでに二カ月が過ぎており、長期滞在はトルコ側の財政負担をいっそう大きくした。本国からは、十月まで極東海域で待機し、順風を利用することでできる限り石炭を節約し、一刻も早く帰国せよとの指示が届き、また「帰還費用として五千リラ以上、追加は絶対に認めない」（小松香織「アブデュル・ハミト二世と一九世紀末のオスマン帝国」五〇～五一頁）などとも命令が出されていた。エルトゥールル号は一刻も早く日本を出港しなければならなかったのである。

九月十五日、エルトゥールル号は長浦を出航し、次の寄港地である神戸を目指した。翌十六日の午前中は天気晴朗で順調に航海を続けていたが、正午を過ぎた頃より風が変わり始めた。午後四時半頃には、房総半島から四国までを対象とする地域に暴風警報が発表された。この時の台風は、日本の南の海上から北上し、四国、または紀伊水道付近を通過し中国地方から日本海に抜けたものと推測されている。和歌山測候所によれば、十六日昼過ぎより風速が強まり、和歌山に最も接近したのは同日の深夜であった（『１８９０　エルトゥールル号事件報告書』）。生存者の一人であるメフメト・アリ・ベイ少佐の話によれば、夜になると帆走で航行するエルトゥールル号は正面から強風にあおられ、航行困難な状態となった。メインマストが折れ、船の舵も利かなくなり、船は上下左右に揺れるため船中の釘もゆるみ、木片はふき飛ばされた。それでも勇敢な水兵らは、ランプを片手に応急措置に努め、懸命になって石炭庫の水をポンプや鍋でかき出した。熊野灘の位置は、横浜と神戸の中間地点であり、一刻も早く神戸に向かおうと、樫野埼灯台を廻り、近くのもう一つの灯台である潮岬灯台を廻って、紀伊水道に向けて航行したいと考えた。しかし、樫野崎近くで最も烈しい暴風雨に見舞われ、乗組員の多大な努力もむなしく、船中の浸水はますますその量を増し、ついには機関部を浸すに至った。真っ暗闇の暴風雨の中、航行不可能となっていたエルトゥールル号は、灯台の光に引き寄せられるように「船甲羅」と呼ばれる岩礁に激突したのである。

確かに、遭難事故の原因は、台風接近による暴風雨のためであったが、エルトゥールル号が嵐に遭遇したのは、これが最初ではなかった。サイゴンから香港に向かう途中、二度も暴風雨に遭遇し、さらに香港から中国の福州に至るまでにもひどい暴風雨に襲われていた。しかし台風は初めてであり、ましてや、熊野灘は外国人船員らが「遭難海岸」と呼ぶ魔の海域であった。

エルトゥールル号を襲った台風は、非常に大きなものだった。同じ台風により、十六日、日本郵船所属の汽船武蔵丸（二千七百十四トン）も高知県沖で遭難、船長以下、乗組員五十九名が死亡した。また、同じく日本郵船所属の帆船頼信丸（五百十七トン）も、十七日〇時三十分頃、徳島県沖にて岩礁に接触し沈没している。

エルトゥールル号の遭難に関して、一八九〇（明治二十三）年九月二十日付『東京朝日新聞』は、次のように記している。

元来同艦は、先年、露土戦争の時に当り、セバストホール海峡にて土国艦隊の旗艦となり戦功ありしという程にて、其構造鉄骨木皮の至って古形なるのみならず、既に老朽化して十分の走力を出すも尚僅かに、一時間六海里を馳るに過ぎざる位ならば、過日、オスマン・パシャが長浦を発せんとする前にも十分の修繕を加えざれば、長途の航海覚束なしとて我が横須賀造船所へ申込みて修繕せんことを求めたるも、当時造船所にては例のコレラ感染の恐れなどある為めにや、同艦の入渠を断りたるにぞ、同艦

は已むを得ずして、その船体脆弱の箇所に手細工の小修繕を加えたるのみにて長浦を出発することとなれる由に聞きたりし

台風接近の暴風雨が遭難の直接的な原因ではあったが、エルトゥールル号が木造老朽艦であったことや、十一カ月もかかって来日したことで整備不良であったこと、加えてコレラ事件のために十分な修繕ができなかったことが、遭難事故に繋がったという見解である。

五　エルトゥールル号派遣の動機

戦前に外交官としてトルコ大使館に勤務し、戦後はトルコ研究の第一人者として大学で教鞭を執った内藤智秀氏は、エルトゥールル号派遣の動機について、著書『日土交渉史』の中で次の四点を挙げている（二三六〜二五一頁）。

①小松宮彰仁親王のイスタンブール訪問に対する答礼

一八八六（明治十九）年十月から軍事視察及び各国王室との親交を目的に欧米を歴訪していた小松宮彰仁親王が、一八八七（明治二十）年十月、イスタンブールを訪問し、アブ

デュル・ハミト二世から手厚いもてなしを受けた。トルコ側からの厚遇に対し、明治天皇は感謝状と漆器、また翌一八八九（明治二十二）年には日本の最高位勲章である大勲位菊花大綬章を贈呈した。答礼のためオスマン側からも明治天皇に最高位勲章のイムティヤーズ勲章を贈呈することが決まり、日本に使節団が派遣されることになった。内藤氏は、これがエルトゥールル号の日本派遣の公的な目的となったと言う。

②海軍力の充実を目的とする練習艦の極東派遣

一八八九年二月二日付、首相キャミール・パシャから海軍大臣あての文面に、「海軍兵学校の卒業生は、さらにその知識を磨き広く海外の事情に通ずる事が必要であると共に、殊に習得したる理論を実地につき応用することがきわめて緊要である。その目的達成のために、陛下の思召により、今回兵学校の卒業生を中心として練習艦隊を組織して、インド、シナ、及び日本へ派遣する事とする」とあった。このことから内藤氏は、エルトゥールル号の派遣は海軍の人材育成と、海軍力の強化が目的であったと述べている。

③日土条約締結

アブデュル・ハミト二世が日本との間に条約を締結し外交関係を構築したいという意志

があったことは、明治天皇への書簡の中に「更に永く善き友情の徴を与えられんことを願う」との一文があったことや、また、オスマン・パシャが明治天皇に対し奉呈した書翰の中にも「従来両国の間に親密の交誼を修めんとするは我が皇帝陛下の最も熱望する処なり」とあることからも明らかであると内藤氏は述べている。

④パン・イスラム主義の実施

パン・イスラム主義とは、イスラム世界の団結と統一によって、西欧列強に対抗しようという外交戦略である。内藤氏は、エルトゥールル号の派遣がパン・イスラム主義によるものであるとし、その根拠として次の五点を挙げている。

第一点は、エルトゥールル号がスエズ運河で座礁した際、五十五日間も長期滞在したのは、修繕や通行料の支払が困難であり、本国との連絡に時間がかかったからと言われるが、実際にはパン・イスラム主義の宣伝のためだったこと。第二点は、ボンベイ滞在中やコロンボ停泊中にイスラム寺院に参詣したこと、また、多くのイスラム教徒らを船内に迎え入れ優待し、イスラム教徒としての模範を示したこと。第三点は、シンガポールに四カ月もの長きにわたって滞在し、南洋諸国から来るイスラム教徒を待っていたことや、シンガポールをパン・イスラム主義の宣伝の最終地と考えていたこと。第四点は、中国沿岸の香港や福州に長く寄港したこと。第五点は、派遣先として極東を選んだのは、インド及び東南アジア地方において、オスマン帝国の国威を示す目的があったと考えられること。日本の皇室に対する答礼や日土条約締結のためなら二、三人の使節団の派遣でよく、また練習艦の遠洋航海であればヨーロッパの海岸を訪問した方がより効果が大きかったはずである。

内藤氏は、①②は表向きの理由であり、真の目的は③④にあったと述べている。小松香織氏も、論文「アブデュル・ハミト二世と一九世紀末のオスマン帝国」の中で、「パン・イスラム主義政策の一環だった」と述べている。オスマン・パシャがシンガポールから本国に向けた打電の内容もそれを裏付ける。

> 至る所で大歓迎を受けている。ボンベイで、コロンボで、三万人以上のムスリムの訪問を受けた。艦のシンガポール到着以来千客万来である。ムスリムの君侯達、有力者達がスマトラやジャワからかけつけた。私と士卒達は毎日招待を受け、モスクでの歓迎ぶり、ムスリムの心情、スルタン陛下への祈りは筆舌に尽くし難い。
>
> （小松香織「アブデュル・ハミト二世と一九世紀末のオスマン帝国」二八頁）

また、オスマン・パシャが妻に送った手紙には、「人々はまるで軍艦がモスクであるかのように、神への献身と愛をもって口づけをする」（『トルコと日本』二八頁）とある。これらのことから、エルトゥールル号の派遣がパン・イスラム主義の宣伝に役立ったことが窺える。しかし、一つ疑問に思うことは、「なぜ、当時イスラム教徒がほとんど住んでいなかった日本に危険を冒してまで行く必要があったのか」という点である。パン・イスラム主義が主目的であるならば、エルトゥールル号の航海はシンガポールまででよかったはずである。このことについては、シンガポールに滞在中のエルトゥールル号から、本国に向けて次のような打診がなされている。

……陛下が当該艦を何としても日本まで行かせることを望まれるならば、季節風が吹くまでシンガポールで、その後帰国のため日本で待機すべく、全費用として四万リラ程の金額を支給することになる。それよりも、オスマンが郵船で日本まで行き、携えた勲章を奉呈し戻ること、その帰還まで、艦はシンガポール周辺を巡航しつつ、ジャワ島など在地ムスリムの多い地域に立寄りながら、勝利に輝くオスマン帝国の旗をかの地になびかせ、その威力を示すことの方が合理的である。

（小松香織「アブデュル・ハミト二世と一九世紀末のオスマン帝国」四八頁）

しかしこの上奏は、アブデュル・ハミト二世によって却下された。スルタンは、あくまでも日本に軍艦を行かせたいと強く望んでいたのである。その結果、オスマン海軍省からエルトゥールル号に宛てて次のような電報が打たれた。

貴下が郵船で日本へ赴く件は、適当と判断し、何度か上奏したものの、依然として詔勅が下りぬことから、陛下のお考えはこの件をお許しにならず、艦を日本まで行かせる御方針であることが慮られる。（中略）一部の中傷的風聞に対し、耐え忍びつつ、日本までエルトゥールル号で行くことは、名誉の発揚でありその種の噂を封じることにもなるのは明らかである。現在吹いている北風が三月以降鎮まった時、機関の助けを借りて日本まで行き、短期間に任務を終えて出港し、この風に乗ってアデンまで戻ることができるはずである。

（小松香織『アブデュル・ハミト二世と一九世紀末のオスマン帝国』四八頁）

これまでオスマン帝国軍艦が、インド洋を越えて極東に就航したことはなかったことから、この計画が成功すればオスマン帝国にとって「名誉の発揚」となることは、目に見えてわかっていたのである。アブデュル・ハミト二世は日本に自国軍鑑を送ることで、オスマン帝国の威信を内外に伝播したかったのではなかろうか。

六　十九世紀のオスマン帝国と海軍

エルトゥールル号が日本に派遣された背景として、ここでは十九世紀末のオスマン帝国とオスマン海軍について概観したい。

オスマン帝国の盛衰

オスマン帝国は、十三世紀末、小アジアに建国され、十四世紀にはバルカン半島に進出して勢力を拡大、十五世紀半ばのメフメト二世時代にはコンスタンチノープルを攻略し、ビザンツ帝国を滅ぼした。続く十六世紀にはエジプトのマムルーク朝を滅ぼし、スレイマン一世時代には東地中海を中心にバルカン半島から西アジア、北アフリカにまたがる大帝国となった。しかし、二度のウィーン包囲（一五二九年、一六八三年）に失敗し、またヨーロッパ列強の台頭などによって、十八世紀に入ると次第にその勢力は後退する。また、南下政策をとるロシアとの度重なる戦いに破れ、その弱体化が明らかになるとヨーロッパ列強による露骨な侵略の対象となった。

こうした状況を受けて、オスマン帝国内部でも改革が行われた。十九世紀に入ると、マフムト二世が、かつてオスマン軍の精鋭部隊であったイエニチェリー軍団を廃止し、「ムハンマド常勝軍」と名付けた西欧式軍隊を創設した。また、行政改革を嫌うアーヤーン（地方の名士）層の勢力の弱体化を図り、一八三〇年以降は国税調査の実施や軍事封土制の全廃、翻訳局、郵便制度などの導入を行ったが、帝国の弱体化を阻止することはできなかった。このような状況下にあって、アブデュル・メジト一世（アブデュル・ハミト二世の父）はギュルハネ勅令を発布し、ムスリム、非ムスリムに関わらず、全ての帝国臣民は法の下で平等であり、その生命、名誉、財産は保障されるとした。また、徴税請負制の廃止、司法制度の見直し、徴兵制度の改革、官吏の俸給制の導入と収賄の厳禁など、西欧モデルによる近代化を目指したのである。

このタンジマート（恩恵改革）と呼ばれる一連の改革は、皇帝専制体制の下で、西欧の市民社会の理念を導入する形で進められ、司法・行政・財政・軍事の徹底した西欧化改革が実施された。このような改革によって、オスマン帝国は伝統的なイスラム国家から法治主義にもとづく近代国家へと体制を一新したが、ヨーロッパ工業製品の流入は土着産業の没落を促し、かえって外国資本への従属が進んだ。

一方、一八五三年に勃発したクリミア戦争では、オスマン帝国は、イギリス、フランスの支援を得てロシアの南下を阻んだが、戦費をイギリス、フランスより借款したため、累積する外債はオスマン経済をいっそう悪化させた。上からの西欧化では改革は不可能であると悟ったトルコの知識人たちは、立憲政治をめざした運動を展開する。彼らは、クーデターでアブデュル・アジースを追放し、その後を継いだ甥ムラト五世も退位させ、その弟であるアブデュル・ハミト二世を即位させたのである。

一八七六年十二月、アブデュル・ハミト二世はオスマン帝国最初の憲法（ミドハト憲法）を発布してスルタンの位に就いた。これによって、西欧列強のオスマン帝国への干渉を一時的に阻止することはできたが、元来、専制君主としての気質を持つアブデュル・ハミト二世にとって、言論の自由や上下両院からなる議会政治など、スルタンの専制を抑える憲法は到底受け入れられるものではなかった。それゆえ、一八七七年に露土戦争が勃発するや憲法を停止し、憲法の生みの親であるミドハト・パシャを追放したのである。その後、露土戦争に敗北したオスマン帝国は、サン・ステファノ条約でルーマニア、セルビア、モンテネグロの独立とブルガリアの自治権の付与を認め、ヨーロッパにおける領土の大半を失い、列強から「瀕死の病人」とたとえられた。

このような状況下で、アブデュル・ハミト二世は、カリフという宗教的権威にすがろうとし、「イスラムの連帯が続く限り、英・仏・露・蘭は我手中にある。なぜなら彼らの支配下にあるムスリム国家においてジハードを起こすのはカリフの一言で十分なのだから……」（小松香織『アブデュル・ハミト二世と一九世紀末のオスマン帝国』五七頁）と言ったという。内外のイスラム教徒にカリフとしての存在を再認識させ、イスラム教徒を結集してヨーロッパ列強に対抗しようとしたのである。

十九世紀末のオスマン海軍

オスマン帝国は、もともと騎馬民族国家であったが、領土の拡大に従い黒海、地中海に接するようになると、強力な海軍力が必要となった。スレイマン時代には、北アフリカ沿岸で海賊として恐れられたバルバロッサ・ハイレッディンを傘下としたことで巨大な海軍力を手に入れ、一五三二年にはプレヴェザ海戦でスペイン・ヴェネチア・ローマ教皇の連合艦隊を破った。しかし、その後、レパント海戦でスペイン・ベネチア連合艦隊に破れると、その勢力は次第に衰える。さらに、十九世紀には帝国各地で民族運動が起きるなど、その支配力に陰りが見えるようになった。

このような状況下にあって、セリム三世やマムフト二世は、西欧の技術を導入し海軍の近代化を目指すが、ナヴァリノ海戦（一八二七年）で英仏露連合艦隊に敗れギリシャの独立を承認する。続くアブデュル・メジト一世とアブデュル・アジーズの時代は、積極的に英仏両国から蒸気軍艦などの大型艦を購入した結果、オスマン海軍は装甲艦の保有量ではフランスと並び、イギリスに次ぐ世界第三位となった。しかし、軍艦を操縦し補修する人材に事欠いた。元来、トルコ人は海事には不慣れで、海軍は北アフリカ沿岸地域やギリシャなどの出身者で構成されていたが、これらの地域が民族独立運動のあおりを受けてオスマン帝国から独立したため、海員の供給源が限定されてしまったのである。その結果、オスマン海軍では多くの外国人が雇用されることになり、その中でもイギリス人が最も多かった。一八七六年にアブデュル・ハミト二世が即位した頃には二百名を超えていたと言われるが、彼はイギリス人の多くを解雇し、艦隊は二十年間にわたり金角湾に係留された。その結果、オスマン海軍の操船技術や船舶の整備についての能力は格段に低下し、海員及び技術者の養成が急務となった。

オスマン海軍では、一八七八年から九七年までの間に、人材育成や技術発展のために海軍兵学校においてカリキュラムの改革が行われたり、技術習得のために士官をヨーロッパに派遣させるなどの方策が採られた。また、一八八七年には機関学校の定員を二百八十名から三百八十名に増やすなど、人材育成システムの改革案も上奏された（小松香織『オスマン帝国の海運と海軍』一八六頁）。

このような経緯から、エルトゥールル号は、海軍力強化のための人材育成を目的として選定されたと考える。一八六三年、イスタンブールで建造されたエルトゥールル号は、蒸気機関を備えた帆船であった。十九世紀後半は、帆船から汽船への、また木造船から鉄船への過渡期にあたり、蒸気機関は備えているものの帆走が主であった。帆走での航海により、気象や潮流の知識を深め、運用の技術を実際に体験することができた。また、長期航海は不自由な生活と、風雨、寒暑、怒濤、無風と戦い、これらの苦痛に耐えることを海員に強いた。頑強な体と不屈の精神力を養うためには、帆船の乗船経験が欠かせなかった。

エルトゥールル号の日本への派遣は、小松香織氏が指摘するパン・イスラム主義のデモンストレーションであったとの見方が有力とされているが、以上のことから、トルコ海軍にとっては緊喫の課題である海軍力強化のための海員育成の訓練としての性質も帯びていたのではないかと考えるのである。

七　アブデュル・ハミト二世

アブデュル・ハミト二世［図⑦］は、一八四二年、第三十一代アブデュル・メジト一世の第二子として生まれた。母はイスラム教に改宗したキリスト教徒であったというが、彼

図⑦　アブデュル・ハミト二世

が十歳の時に亡くなったため、父帝の第四夫人ベレスト・ハヌムによって育てられた。幼少期のアブデュル・ハミト二世については、「顔色青白く、容易に人を信用せず、その風貌からしてもいかに狡猾そうに見えた」（『日土交渉史』一八四頁）との記録もある。兄ムラトが学者風であったのに対し、きわめてわがままな性格の持ち主だったと言われているが、そんな彼の性格形成には、祖母ペルテヴァラ・カデナの影響が大きかったようだ。彼女は、熱狂的なイスラム教徒であり、大の野心家で、アブデュル・ハミト二世が魔術や星占いを好み、キリスト教を敵視するようになったのも、祖母の影響が大きかったと言われている（『日土交渉史』一八三〜一八四頁）。

彼は猜疑心が強く、秘密警察を増強して反対派を取り締まり、思想や政治的言論を統制、密告制度を整備しスパイ網を張りめぐらすなど厳しい監視を行い、三十三年の長きにわたって保守的でイスラム色の強い統治を行った。また、多くのアルメニア人を虐殺したことで「赤いスルタン」「血塗られたアブデュル」などと、あだ名された。

その一方で、アブデュル・ハミト二世を評価する見方もある。内藤智秀氏は『西南アジアの趨勢』の中で次のように記している。

イスラムと云うと、吾々はマホメットの次には最初にアブデュル・ハミト二世を思い出す。それは政治的の意味でもなければ、又経済的な意味でも、即ち功利的な意味ではいささかもない、純学問的な意味で想起するのである。帝は其の治世三十三年間（一八七六〜一九〇九）の施政方針に於て実にイスラムを以て一貫していた。帝は荒波の様に押し寄せる西欧の第十九世紀後半の国民主義的大勢の世界に棹して、敢然として立った。汎回教主義的な政策を以て終始したのである。

この本が書かれた年は、一九四二（昭和十七）年、太平洋戦争の只中であった。日本の外交官としてトルコに駐在した内藤氏の目には、アブデュル・ハミト二世がヨーロッパ列強に立ち向かう英雄と映ったのであろう。

アブデュル・ハミト二世は、若い頃、兄ムラトと共に叔父アブデュル・アジーズの伴をしてヨーロッパを歴訪、西欧文化にも触れており、開放的、開明的な素質も備わっていたものと考えられる。そのためか、鉄道や電信などの交通、通信網の発達に尽力し、鉱山の開発や近代産業の育成も試みた。また、一八九四年には大火で甚大な被害を受けたグランド・バザールの復興にも熱心に取り組んだ。しかし、アブデュル・ハミト二世の改革は、これまでのスルタンの西欧化改革とは異なり、西欧の制度や技術をオスマン帝国に適応させて普及を試みると同時に、オスマン家が全ムスリムの保護者であるという名分を、内にはスルタンとして、外にはカリフとして前面に打ち出そうとしたものであった。

時代は、まもなく二十世紀を迎えようとしていた。西欧列強の圧力がかかる中、経済的破綻をきたしたオスマン帝国の現状に目をつむり、カリフの権威にすがることで体制維持を図ろうとしたアブデュル・ハミト二世は、オスマン帝国の威信を国内外に示す必要があったのである。

八　日本への強い関心

アブデュル・ハミト二世は、日本の発展に強い関心を抱き、即位直後から自国軍艦の日本派遣について言及していた。日本とオスマン帝国の接触は、岩倉使節団に一等書記官として随行したジャーナリストの福地源一郎と僧侶の島地黙雷が、一八七三（明治六）年にイスタンブールを訪問したのが最初とされている。福地は、訪問先のパリで、副使から、ギリシャ、オスマン帝国、エジプトにおける立会裁判制度の調査を命じられ、一行と別れてイスタンブールに向かった。一方、島地は、海外教育視察のため門主代理である梅上沢融に同行して、一八七二（明治五）年一月、ヨーロッパに渡り、ロンドンで福地と出会った。それ以来、二人は、イスタンブール、エジプト、インドを経て帰国するまで行動を共にしている。二人がイスタンブールに滞在したのは、一八七三（明治六）年四月十一日から二十三日までのわずか十二日間であるが、コンスタンチノープルの旧市街やアヤ・ソフィア寺院、トプカプ宮殿などを見学している。オスマン政府関係者とは会っていない。

次に、オスマン帝国を訪れた日本人は、在イギリス公使館書記官の中井弘である。薩摩藩イギリス留学生の一人だった中井は、帰国後、明治政府に出仕し、一八七四（明治七）年には一等書記官として在英日本公使館に勤務した。一八七六（明治九）年、帰国途中、イスタンブールに立ち寄り、非公式ながらも外務大臣などオスマン帝国閣僚に面会しているが、スルタンには拝謁していない。

それでは、最初にアブデュル・ハミト二世に拝謁した日本人は誰か。それは、軍艦「清輝」の艦長であった井上良馨海軍中佐である。軍艦「清輝」は、一八七五（明治八）年に横須賀造船所で作られた国産軍艦第一号で、一八七八（明治十一）年末から一八七九（明治十二）年にかけて日本の艦船として初めてヨーロッパに就航した。イスタンブールに寄港した時、井上はトルコ海軍のメスージエー艦長モハムード・ベイの案内でアブデュル・ハミト二世に拝謁している（長場紘『近代トルコ見聞録』二〇頁、以下アブデュル・ハミト二世と日本人のやりとりの引用はすべて同書による）。

井上中佐と謁見したことについて、アブデュル・ハミト二世は、後日、ペルシャへの日本使節団の団長であった吉田正春と謁見の際、「朕、前年日本の海軍士官等を見て其開化の美に歎服したりしに、今又卿等を見るを得て歓喜尤多し」（二二頁）と語っている。

吉田正春が団長を務めたこの使節団は、明治政府がペルシャの国情や交易、市場を調査するため、陸軍大尉古川宣誉、大倉組商社副長横山孫一郎ら七名をペルシャに派遣したものである。ペルシャ訪問後、一行のうち、吉田、古川、横山の三名はトルコに向かい、一八八一（明治十四）年二月十二日、アブデュル・ハミト二世に拝謁した。この時、スルタンは吉田に「貴国は亜細亜中開化の率先にして僅々数年の間に著しき進歩を為せしは其例実に少し。故に朕は嘗てより貴国と交通し迭《たがい》に公使を送りて親密なる交際を結ばんことを懐に忘れざりしが、今幸に卿等を見るを得たり。帰国の上は朕が意を明かに報告せられんことを望む」（二二頁）と声をかけ、日本が明治維新後、短期間に文明開化したことに触れ、日本との交流について打診している。

これに対し、吉田は、「陛下の海軍御艦の如きも之を我国に御派遣ありて上国の大旗を東洋に輝し玉わんことを望み奉る」（二二一～二二三頁）と、スルタンにオスマン軍艦の日本派遣を促した。スルタンも、「朕、久しく之を企て思うと雖《いえど》も知られる通り、近来欧州諸国に関係の事多くして期する如くなる能わず。後日静寧の日を俟ちて必軍艦を送り貴国―以下空白―天皇陛下に伺候せしむ可し」（二二一～二二三頁）と応え、軍艦の日本派遣を表明した。また、スルタンは、日本の陸・海軍、交通事情、電気、法律、産物などについても、吉田に質問した。続く、三月十九日の二度目の謁見の際にも、日本の国情、兵式、服装、楽器などについて質問し、吉田らに勲章を与えた。さらに、晩餐会の席上においても、「後日、欧州の関係が片付次第、日本へ船を送る可し」（三五頁）と、改めて日本への軍艦派遣について強い決意を述べた。

一八八七（明治二十）年、日本の閣僚としては初めてオスマン帝国を訪れた初代農商務大臣谷干城との謁見に際しても、「日本の進歩は速やかなる事驚くべし。是れ迄日本人度々当国に来訪あり。余、常に面会し種々の談話を聞き大に喜べり。何卒日本よりも当国と貿易、交通の道を開き、互いに交通致し度し。卿、国帰らるれば此旨意を皇帝陛下に伝えられん事を望む。（中略）欧人は都て利己自主の者多く、人の利害には頓着せず。定めて貴国も迷惑なる事あるべし。然れども、我がトルコ決して然ることを好まず。只相互に利益を謀り公平なる商業交通を致す心得なり」（三八頁）と日本と国交を開きたいという思いを述べている。

このように、アブデュル・ハミト二世は即位直後より、自国軍艦の日本派遣に言及していた。欧米列強の圧力を受けて開国し、近代化の道を歩んできた日本が、わずか十年あまりで国産軍艦を建造し、ヨーロッパにまで就航させたことは、スルタンに大きなインパクトを与えたに違いない。そして、井上中佐や吉田正春などから日本の近代化について話を聞く中で、スルタンは日本に自国の軍艦を派遣したいという強い思いにかられたのではないだろうか。同時に、軍艦を極東に派遣することは名誉の発揚であり、またイスラム教徒が多く住む港々に寄港することで、パン・イスラム主義のデモンストレーションにもなると考えたものと思われる。

九　親日国トルコ

トルコ人は「日本贔屓《びいき》」といわれる。古くは日露戦争での日本の勝利にトルコ国民が歓喜し東郷平八郎にちなんで我が子に「トーゴ」と名付けた人々がいたと言われるし、朝鮮戦争に国連軍として派遣され負傷したトルコ兵が日本の病院に収容され、戦後復興を目のあたりにすると共に、日本人の親切心に触れたというエピソードも伝え聞く。さらに、第二ボスポラス大橋の建設に日本企業が関わり、その技術力の高さに対して尊敬の念をいだいたという事実もある。エルトゥールル号の遭難救助に端を発し、その後の様々な出来事が加味され、トルコ人が日本贔屓となったものと考える。

では、日本人にとってトルコはどうであろうか。近年、トルコはテレビのニュースや旅番組などで多く取り上げられるようになってきたが、十四、五年前まではテレビ、出版物などで見かける機会は、欧米諸国に比べて少なかった。高等学校世界史の教科書についても同じことが言える。オスマン帝国の成立と発展、東方問題、クリミア戦争、トルコ革命、ケマル・アタチュルクとトルコ共和国の成立などについては記されているが、これ以外のトルコに関する記述はあまり見られない。従って、高校生にとってトルコは、ヨーロッパに比べてなじみが薄く、ましてやヨーロッパ列強の中東進出と国際条約が複雑に絡み合う十九世紀のオスマン帝国の歴史を理解することは難しい。この点で、一八九〇（明治二十三）年に大島近海で起きたトルコ軍艦エルトゥールル号の遭難事件は、十九世紀末のオスマン帝国を理解する上での導入部として、格好の教材になりうるものと考える。エルトゥールル号の遭難事件は日土友好の原点とされ、また人道上の美談として語り継がれてきたが、軍艦が派遣された歴史的背景などについては、あまり語られてはこなかったのである。

＊　＊　＊

十九世紀のオスマン帝国は、ヨーロッパ列強によって「瀕死の病人」とたとえられるほど、衰退していた。ギリシャ独立、タンジマート、クリミア戦争、露土戦争、ベルリン条約など、衰退と改革の狭間であえぎ続けた。そして、このような国家存亡の危機にあって、三十三年もの長きにわたってスルタンの位についたアブデュル・ハミト二世は、パン・イスラム主義を信奉し、カリフの名のもとに全イスラム勢力を結集することでヨーロッパ列強に対抗しようとしたのであった。

エルトゥールル号の日本派遣は、パン・イスラム主義政策のデモンストレーションであったと言われているが、エルトゥールル号のような老朽艦を派遣しなければならなかったところに、衰退するオスマン帝国の実情があり、大島沖での遭難事故は起こるべくして起こったものといえよう。

＊1　和歌山県大島村難事取扱事務出張所「土耳其軍艦アルトグラー号難事取扱ニ係ル日記　明治二十三年九月」(『串本町史　史料編』九九七〜一〇一四頁)。

第七章

イギリス人灯台技師と真珠貝ダイバー

一　木曜島の真珠貝

和歌山県は、広島県や沖縄県などと共に全国有数の移民県として知られている。移民先は、アメリカ、カナダ、オーストラリア、ブラジルなど多岐にわたっているが、中でもオーストラリア北部の木曜島《もくようとう》やアラフラ海への採貝出稼ぎは、熊野の特徴の一つであり、司馬遼太郎著『木曜島の夜会』に描かれるなど、広く知られている。

「南洋で真珠貝を採る」と言えば、どこかロマンティックな響きもするが、実際は潜水病などによって多くの人々が命を落とした。木曜島には、今も七百あまりの日本人墓碑が残っているという。それでは、なぜ、熊野の人々は遠く離れた南洋に、危険を顧みず真珠貝採りに出かけて行ったのか。それは、漁業以外にはこれといった産業もなかった当地方の人々にとって、ダイバーの高収入が大きな魅力だったからである。明治半ば、小学校の校長の月給が十円前後だった頃、ダイバーの年収は千二百円から千五百円であったという。それ故、実際に校長の職を投げ打ってまで真珠貝採りに出かけた人もいたほどである。「海外で一旗揚げたい」という強い思いが人々を駆り立てたのかもしれないが、決してそれだけではなかったと考える。見知らぬ外国での仕事は、大変な「勇気」と「精神力」がいるはずだからである。それに加えて、「進取」の気性も必要だったことだろう。熊野の人々は、江戸時代の中頃より、鰯網や鰹釣り、捕鯨業などで開発した技術を他国に伝え、また、海からやってきた「よそ者」を受け入れるなど、開放的で、未知の世界に対して物怖じしなかった。このような気質が海外出稼ぎの要因の一つだったのかもしれない。

二　オーストラリアへの採貝出稼ぎ

それでは、熊野の人々のオーストラリアへの出稼ぎは、いつ頃、どのような経緯で始まったのか。羽原又吉著『漂海民』には、「串本、潮岬、大島の漁民のオーストラリアへの出稼ぎは、明治以前に始まっていた」（五二頁）と記されているが、確かな証拠はない。また、大島や潮岬には、「灯台建設にやってきた英国人灯台技師が土地の青年を連れて行った」という話も伝わっている。

『和歌山県移民史』には、樫野の福島音四郎氏の話として、「英国人灯台技師デッキが引き揚げた後、再度大島を訪れ、彼が在留当時にコックだった樫田文右衛門と永石三蔵を神戸へ連れようとしたが両名とも辞退して同行しなかった。樫田文右衛門の弟が神戸に行って牛肉店を開いた」、「樫野・潮岬両灯台技師が神戸へ引き揚げる時、地元青年を若干連れ

図① ジョセフ・ディック（燈光会提供）

て行った。青年たちは神戸の異人館で働いていたが、南洋に貝採りに行けばうんと儲かると聞かされ行くことになった。その際、あわび取りの鉄ベラを持って行った」と記されている。

潮岬出身で、熊野の人々のオーストラリアへの採貝出稼ぎについてまとめた小川平氏は、「豪州への真珠貝採取移民の最初の渡航者が樫野・潮岬の両灯台を建設した英国人技師に連れられて行ったという話は、古老の誰もが語る定説である」と、著書『アラフラ海の真珠』の中に記しているが、このことに疑問を抱く研究者もいる。

では、イギリス人灯台技師の採貝出稼ぎ斡旋説はまったく根も葉もない話なのだろうか。これを解き明かすには、イギリス人灯台技師「デッキ」について知る必要がある。「デッキ」とは、イギリス人灯台守ジョセフ・ディックのことではなかろうか。一八四二年、スコットランドに生まれたディックは、ベルロック灯台などで助手を務めた後、「燈明番教授方」（灯台守）として日本政府から招聘され、一八六九（明治二）年に来日した。外務省記録「外国人雇入取扱参考書」には、ディックが、剱埼灯台（神奈川県）や角島灯台（山口県）に勤務したことが記されているが、樫野埼灯台に勤務したという記録はない。外務省外交資料館や横浜開港資料館を訪ねて調べたが、やはり記録を見つけることはできなかった。

しかし、ディックについては、彼の長女山本あいさん（ディックは灯台守をやめた後、日本人女性と再婚し、一男二女をもうけている）が、一九六八（昭和四十三）年に社団法人「燈光会」が発行する冊子『燈光』（一九六九年三月号）に載せた「ジョセフ・ディック追想録」から些か知ることができる。

ここには、ディックが、剱埼、神子元島（静岡県）、樫野埼、角島の各灯台に勤務したことや、一八七五（明治八）年、ディックの前妻が子供たちを連れて大島から故郷のスコットランドに帰ったことなどが記されているのである。実子の「追想録」ということから、ディックが樫野埼灯台に勤務した可能性は高いであろう。とすれば、大島や潮岬に伝わる木曜島への採貝出稼ぎをイギリス人灯台技師が斡旋したという話は、信憑性に欠けると切り捨てるわけにはいかなくなってくる。

では、どうしてイギリス人灯台守ジョセフ・ディックと、日本人ダイバーの木曜島斡旋が結びつくのか。

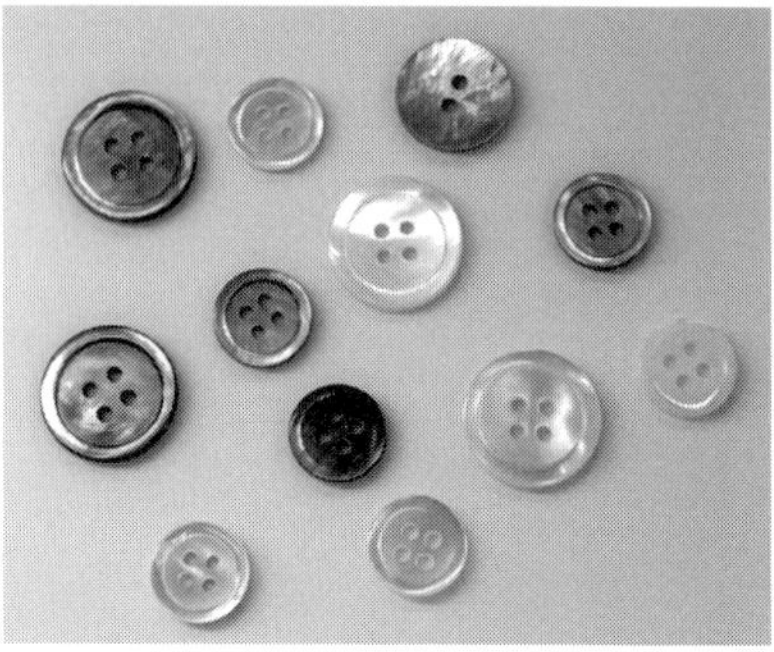

図②　貝ボタン（筆者撮影）

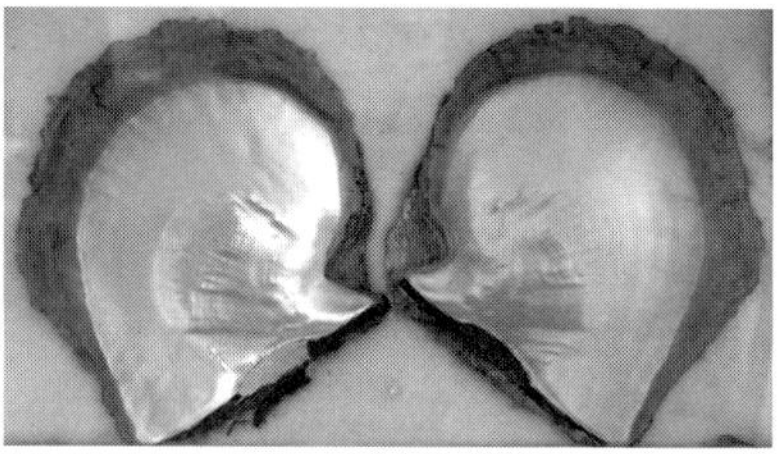

図③　貝ボタンの原料となるシロチョウガイ（喜田義人氏提供）

　そもそも、木曜島で真珠貝を発見し、採貝業に乗り出したのはイギリス人であったが、その目的は真珠玉ではなく、ボタンの原材料としての貝殻にあった。当時、ヨーロッパでは、産業革命によって綿製品が大量生産されたこともあって、人々のファッションにも変化が現れ、身体にフィットした女性服が流行し、その留め具として貝ボタンが重宝された。真珠貝は、イギリスだけで一八五九年に千八百トンを、翌年の一八六〇年には千二百トンを輸入したが、そのうち四分の三が工業都市バーミンガムに運ばれた。この頃、イギリスやアメリカで貝ボタン加工機が発明されたことも、真珠貝に対する需要が一気に伸びる要因となった。

　木曜島のイギリス人採貝業者は、最初、現地人を雇用し潜らせていたが、やがて日本人がダイバーとして優秀であることを知り、一八八三（明治十六）年にはオーストラリア真珠会社のジョン・ミラーが日本人ダイバーを雇い入れる目的で来日した。この時、日本人三十七名が契約して木曜島に渡ったが、彼らが島に着いた時、そこにはすでに何人かの日本人が働いていたという。

三　ジョセフ・ディックと大島

『和歌山県移民史』には、福島音四郎氏の談として「明治十四年、樫野の斉藤佐一郎氏が木曜島に渡った」ことが記されている。この点について、小川平氏は、福島氏の甥である福島正治氏に確かめたところ、「斉藤佐一郎はイギリス人灯台技師に連れられて行った」と明言したと『アラフラ海の真珠』の中で述べている。では、斉藤佐一郎氏を木曜島に誘ったイギリス人灯台技師とは、ジョセフ・ディックのことなのか。残念ながら、その証拠はない。しかしながら、ディックは、一八七九（明治十二）年四月に角島灯台長を解雇された後、横浜のドモニー商会に勤め、一八八一（明治十四）年には神戸三宮で独立し、デッキ・ブラン商会を設立している。当時、神戸にはフィアソン・ロー商会のような、木曜島への採貝出稼ぎを斡旋するイギリス商社もあり、ディックは、イギリス（スコットランド）人コネクションによって、日本人がダイバーとして現地で求められているとの情報を得ていた可能性は十分考えられる。

それでは、なぜ、ディックは採貝出稼ぎ斡旋のために大島を再訪したのだろうか。大島や潮岬の人々がダイバーとしての資質に長けていたことは知られているが、日本人の潜水技術が優れていた点については、古くは『魏志倭人伝』の中にも記されており、何も大島や潮岬に限ったことではなかった。それにもかかわらず、ディックが大島を再訪したのは、彼がかつて勤務した灯台の中で樫野埼灯台のある大島が神戸に最も近かったからではないだろうか。さらに、ディックと大島の人々との間に何らかの親交があったことも想像できる。残念ながら大島や潮岬にはディックが土地の人々と交流したという話は伝わっていないが、山口県の角島では灯台近くにあった浄楽寺の住職と囲碁に興じたことや、島民たちが「ディック」とうまく発音できず「レキさん」「デッキさん」と呼んでいたという話も伝わっている。

今のところ、確たる証拠はないものの、大島や潮岬で採貝出稼労働者を斡旋したという英国人灯台技師「デッキ」は、ジョセフ・ディックである可能性が高いのではないかと思うのである。

第八章　木曜島・アラフラ海への採貝出稼ぎ

一　「熊野」出身ダイバーの活躍

オーストラリアにおける採貝業は、一八六八年、シドニーのナマコ業者ウイリアム・バナーが、トレス海峡付近でシロチョウガイを採取したのが始まりとされている。当初、イギリス人業者らは、トレス諸島やオランダ領東インド（インドネシア列島）の島民、マレー人やフィリピン人など近隣諸国の人々を労働力として雇ったが、思ったほど成果を挙げることができなかった。また、イギリス海軍の退役水兵などを雇って潜らせたが、彼らは、熱帯の危険な海域での仕事にあまり意欲を示さなかった。

海に潜って貝を採るという労働について、司馬遼太郎氏は『木曜島の夜会』の中で次のように述べている。

> この労働の適格者は、とくべつなかんをそなえていなければならない、という。海面を帆走しながら、海面からみてどの海底に貝が多数棲息しているか、さらには鉛のついた重い潜水服で海底をゆるゆる歩行していて、前方のわずかな光りのなかでどれが白蝶貝であり、どれが他の物体かということを見わけるかんであった。天成のものと

いっていい。（二一頁）

この「かん」が備わっていたのが日本人であり、とりわけ和歌山県南部の人々に多かった。前章でもふれたように、串本町の潮岬には「イギリス人技師から南洋での貝採りが儲かると誘われた際、土地の若者がアワビ採りと間違えてアワビ採り用の鉄ベラを持参した」という話が伝わっている（『和歌山県移民史』五八二頁）。この地域の人々にとって、海に潜ってアワビを採ってくることなど朝飯前のことだったのだろう。

ところで、日本人として最初にシロチョウガイの採取に従事したのは誰か。司馬遼太郎氏は、「木曜島には、日本国の鎖国が解けたばかりの明治六年に一人の英国人が日本人ひとりを連れてきて岩礁から海へ飛びこませ、白蝶貝を採らせた伝説がある」と記しているが、何を典拠にしているかは書かれていない。

木曜島で海に潜った最初の日本人は、島根県の野波小次郎だと言われている（『*The pearl-shellers of torres strait*』一〇一頁）。野波は、はじめ外国船の水夫だったが、木曜島に上陸しクルーとして船上での雑用をさせられていたが、雇主に懇願して潜水夫となるや、採取量で他の者を圧倒するほど業績を上げた。これを見て日本人の潜水技術が優れていることを知ったイギリス人採貝業者らは、労働力として日本人に期待したのである。一八八三（明治十六）年、オーストラリア真珠会社のジョン・ミラーが来日し潜水夫の募集を行った際、三十七人が契約して木曜島に渡り、シロチョウガイ採取に従事した。

日本人の海外発展に関する研究で著名な入江寅次氏は、『邦人海外発展史』の中で、一八八三（明治十六）年、八六（明治十九）年、八八（明治二十一）年の三回で、合計百七十七人の日本人が契約移民としてオーストラリアに渡ったと記している（三八六頁）。その後、一八九二（明治二十五）年に日本吉左移民会社がオーストラリア移民の取り扱いを開始すると、多くの日本人が海を渡った。その数は、一八九三（明治二十六）年には約一千人であったものが、一八九七（明治三十）年には二千人を上回ったという。その行き先の内訳は、クィーンズランドの砂糖耕地労働に従事する者約九百人、木曜島や西オーストラリアで採貝業に従事する者約九百人で、残りはメルボルンやシドニーなどの大都市で商業や家僕などの職業に従事する者たちであった。

木曜島での採貝出稼ぎの場合、契約年限は三カ年、労働時間は日の出から日の入りまでを限度とすること、日曜祭日または天候が悪く作業が危険な日は休業、病気の際は入院無料、往航船賃及び就業地までの旅費を雇主が負担することなどが取り決められていた。

木曜島にやってきた当初、日本人らは、イギリス人業者に雇われていたが、一八九二（明治二十五）年頃より、日本人ダイバーがイギリス人採貝会社から船を借りる借船経営が行われるようになった。その結果、借船主となった日本人ダイバーの所得は雇用ダイバーのそれを上回った。収穫した貝は貸主以外に持ち込むことを禁じられるなど一方的な取引だったというが、月給制よりも儲けが多かったので、このやり方は次第に普及していった。その後、採貝船を所有し、自らが独立して採貝を行う者も現れた。採貝にはダイバーの他に、ダイバーの命綱を持つ「テンダー」や採貝船の水夫である「クルー」が必要だが、借船経営、独立経営共に、地縁や血縁を通じて自由移民であるテンダー、クルーを雇用したのである。しかし、両経営共にイギリス人採貝会社から物資の仕込みを受けており、さらに会社へ貝殻を売るため二重の搾取を受けることになった（『南洋の日本人漁業』一一九～一二〇頁）。

一八九〇年代初頭には、クィーンズランド州が契約によらない自由移民を受け入れ始め、様々な職業に就く自由が認められたことから、個人で渡航費を負担する自由渡航者が急増した。この中には、現地で数十隻の採貝船を所有する日本人も現れた。その結果、船舶数や採貝量も大きく増加し、一八九〇（明治二十三）年には採貝船九十二隻で採貝量六百三十二トンだったものが、一八九六（明治二十九）年には二百七隻で千八十九トンとなった。

日本人は、海に潜ることが得意で、かつ稼ぐことに対してもモチベーションが高く、太陽が出ている限り海に潜って働いたという。彼らは必死で潜り、稼いだ金を故郷に送り続けたのである。

木曜島において採貝に従事した日本人労働者の出身地は様々であるが、群を抜いて多いのは和歌山県人だった。一八九七（明治三十）年における木曜島の日本人九百人あまりのうち、和歌山県人は八割を占めていたという。ちなみに、一九二六（昭和元）年の和歌山県の収入の七八・八％は海外からの送金であり、そのうち、オーストラリアからの送金額は移民の数が少ないにもかかわらず、アメリカに次いで二番目であったという。しかし、一九〇八（明治四十一）年の木曜島における日本人ダイバーの死亡率が、毎年一〇％であったことからもわかるように、この収入は常に死と隣り合わせの労働からもたらされていた。

二　日本人排斥運動と新漁場の発見

真珠貝採取における日本人勢力の伸長は、イギリス人の経営を脅かすだけでなく、労働者であるフィリピン人やマレー人をも駆逐したため、日本人は次第に敵視されるようになった。日本が日清戦争に勝利すると、買い上げ価格の引き下げや闇討ちといった排日気運がいっそう尖鋭化したため、一八九七（明治三十）年に日本政府は排日運動を慮って木曜島への渡航を一時的に制限したが、一九〇一（明治三十四）年にはオーストラリアで「移民制限法」が制定された。しかし、渡航禁止に近い制限も無視し木曜島に密航する者も多かった。小川平氏は『アラフラ海の真珠』の中で、昭和三十年代から四十年代にかけて「熊野」地方に住むダイバー経験者に会って密航の様子などを聞き書きしている。これによると、オーストラリアから呼び寄せ状があり、正式に契約移民として入国できる場合にも、日本から上海、香港まで密出国し、同地の日本人旅館に頼んで、木曜島採貝会社の代理店と移民契約する方法を採ったというのである。香港から木曜島までの旅費は雇い主が負担し、その他に前借金として約五十円が渡された。その金で香港の宿代（一日約一円）を支払ったのである。ただ、密航にもいろいろな手があり、香港を経由せずに神戸から直接木曜島に行く方法もあった。

クィーンズランド州政府は、一八九八（明治三十一）年の「真珠及びナマコ漁業法」の改正により、イギリス人以外の採貝船所有を禁止した。また、先述のように一九〇一（明治三十四）年には、オーストラリアで「移民制限法」が制定された。これは入国審査官が必要と認める場合、審査官が指定するヨーロッパの言語で五十語の長さの文章の書き取りと署名を行わせ、これに失敗したいかなる人物も排斥できるというものであった。このテストは受験者が理解できないであろう言語を選んで実施されたため、オーストラリア政府が望まない移民は誰でも排除することができた。ただ、日本人ダイバーは潜水の特殊技術が認められ、一九一一（明治四十四）年においても約千八百名が年季契約労働者として木曜島やブルームで真珠貝採取に従事していたが、一九三八（昭和十三）年には約七百名まで減少していた。

日本人は限定された地域で就労し、さらに永住化も念頭になかったことから、契約労働者は現地で大きな摩擦を起こすことはなかった。また、アジア系労働者といっても、中国人と日本人は違ったイメージで捉えられていた。日本人は技術者や職人として高い評価を獲得しており、将来、本格的にオーストラリアに流入した場合、白人にとって有力なライバルになる可能性があると思われ、次第に脅威の対象であると見なされるようになった。[*1]

オーストラリア人は日本人労働者に職を奪われるという社会的脅威と、大国化した日本への軍事的脅威が重なり、危機感を抱くことになった。これに加え、第一次世界大戦が勃発すると真珠貝市場が閉鎖され真珠貝採取は休業状態となり、日本人は強制送還された。

戦争終了後の一九一六年に市場再開の見通しがたつと再雇用が始まり、市場もそれまでのロンドンからニューヨークに移行した。一九二〇年代後半には、価格の上昇とエアーコンプレッサーの普及で採貝量は増加した。しかし、必要人数のみの入国を認めるという移民制限は相変わらずで、雇用制度も変わらなかったので、オーストラリアの領海外に漁場を見つける必要性に迫られた。日本郵船の航海士であった丹下福太郎は、一九三〇（昭和五）年に同社を退社し、中古船を買い入れてアラフラ海に渡り好成績をあげた。トレス海峡とティモール海に東西をはさまれたアラフラ海は、無尽蔵ともいえる真珠貝の宝庫だったのである。

丹下の成功は、熊野の人々に希望を与えた。串本町出雲の人々が資金を工面して「図南丸」を仕立て、アラフラ海に乗り出したのを皮切りに、一九二三（大正十二）年まで、串本、大島、潮岬、出雲の村々は採貝船の建造ブームに沸いた。しかし、採貝ブームは乱獲をもたらした。一九三六（昭和十一）年、八十隻で、採取した貝は千九百六十六トンだったのに対し、翌一九三七（昭和十二）年には百四十三隻、四千二百六十六トンと大幅に伸びたが、一九三八（昭和十三）年には三千五百十五トンに減少した。そして、太平洋戦争が始まった一九四一（昭和十六）年、船団は四十二隻と減少し、操業も打ち切られた。ここに明治半ば以来、紆余曲折を経ながらも続いていたオーストラリア海域での採貝を中断せざるをえなくなったのである。

三　最後のアラフラ海――山本義和さんの経験から

アラフラ海への採貝出稼ぎは、太平洋戦争によって一時中断されたが、戦後まもなく関係者らによって出漁計画が話し合われ、再開に向けた取り組みが進められた。しかし、スムーズにことが運ばなかったのは、GHQの文書（いわゆるマッカーサー・ライン）によって、漁業区域に制限が設けられていたからである。この制限は一九五二（昭和二十七）年四月に撤廃され、遠洋漁業を管轄する水産庁と関係業界の間で、念願だったアラフラ海への出漁計画が具体化されることとなった。水産庁は採貝業を政府の許可事業とし、オーストラリア側とのトラブルや乱獲防止の立場から、出漁船数は二十五隻とし、一隻あたりの採貝量を五十トンに制限することを定めた。二十五隻のうち和歌山県が十二隻を占め、その内六隻が串本、大島、潮岬、出雲の船だった。

戦後、最初のアラフラ海行きの船に乗り込んだ山本義和さん（大島在住）から当時の話を伺った。山本さんは、一九五三（昭和二十八）年、日蘭丸（四十トン）［図①］に甲板員（後にダイバー）として乗り込んだ。

大島では遠洋航海に出かける時に行う儀式があった。それは、樫野の雷公《なるかみ》神社にお参り

図①　串本港で出港を待つ日蘭丸（山本義和氏提供）

し、境内の石を一個家に持ち帰り神棚に置き、そして、無事に戻ってきた時、その石を再び神社に戻すというものであった。山本さんも土地の風習に倣って、雷公神社にお参りし、石を持ち帰ったという。

串本港を後にした二十五隻の船団は二列になって進み、船団の後には母船と水産庁の監視船が随行した。地図［図②］を見れば一目瞭然だが、アラフラ海は日本の真南に位置している。串本港を出た後、兎に角、一直線に南下すれば二十一日でアラフラ海に着いた。その途中のパラオ近海はいつもべた凪だったので、ここで船団を止め、各船がデッキに積んでいたドラム缶から燃料を機関に入れた後、

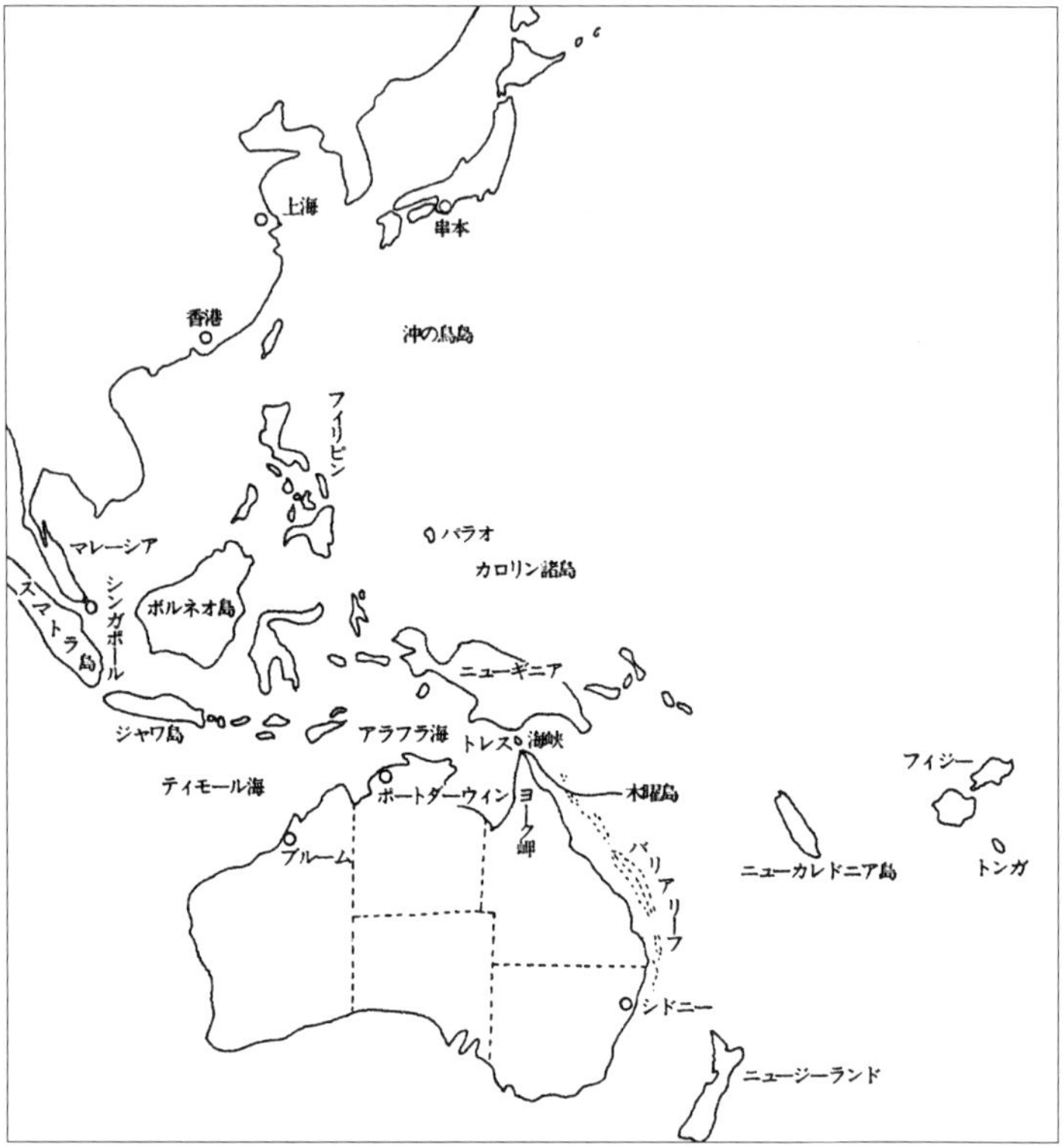

図②　串本とアラフラ海の位置関係(『串本町史 通史編』)

空になったドラム缶を海に放り投げた。二十五隻が同じことをしたため、およそ七百本のドラム缶が海面を漂ったという。この光景は今も忘れられないと山本さんは語ったが、今の時代だったら環境破壊で大問題になっていただろうと付け加えた。

日本を出発してからというもの、来る日も来る日も見渡す限り海ばかりで、船員たちは麻雀や「おいちょかぶ」などをして退屈を紛らわしたという。ある時、誰かが「まもなく船は赤道を通過するが、海に赤い線が引かれているか賭けようやないか」と言った。赤い線など引かれているわけがないと誰しもがわかっていながら、本気になって海面を眺めた者もいたという。そんな冗談でも言わなければやっていられなかったのだろう。

採貝場はオーストラリア政府との間で協議がなされ区画されていた。操業中は、船の甲板に怪しい船ではないことを示すため日の丸を描き、帆にはオーストラリア政府から定められた船の番号を大きく書いたという。そうしないと、オーストラリア海軍のフリゲート艦や飛行機が飛来するのだという。

このような条件整備をした上で、いよいよダイバーが潜る段になる。三人のダイバーが、表・中・後とチームを組んで潜った。「表」には経験豊富な次席ダイバー、「中」には見習いダイバー、そして「後」には責任ダイバーがいてチームリーダーを務めた。三人のダイバー共に船上にいるテンダーと一本の綱で繋がっていた。綱を引く回数で船に指示を送ったのである。例えば、一回引くと「前に進め」、二回引くと「後ろに進め」という具合に。綱を通してダイバーの指示を受けたテンダーは、直ちに船長に伝えた。船長は、備え付けのベルで機関長に伝え、機関長はダイバーが作業しやすいように船を動かした。綱は海底と船上とを結ぶ唯一のコミュニケーションの道具だったのである。

次に、食事について聞いてみた。朝食にはパンが提供されたそうで、以下のようにしてつくったという。米とジャガイモを一升瓶に入れて塩を加えて蓋をし、紐で括り日なたに置いて発酵させ、出てきた汁をのぞいてイースト菌をつくる。次に、この汁をメリケン粉（小麦粉）に入れて練った後、一晩バケツに入れてねかす。バケツ一杯で三倍に膨れあがった生地を焼くのである。ただし、パンはダイバーしか食べることができなかった。船長以下、乗組員はパンのふちを食べた。船の中では、何といってもダイバーが一番偉かったわけであるが、その分、ダイバーは朝から夕方まで潜るという最も危険な作業に従事していたのである。

ダイバーは首で上下に分かれたセパレーツを着て潜った。[*2] 彼らが最も恐れたのが潜水病である。水圧によって血液循環障害や脳障害などが起こる病気であり、一番軽症な「ローマテキ」では、手足、その他体の弱い部分の神経が冒され、針で刺すように痛む症状が現れる。次の段階は「ハーフカース」と呼ばれ、血を吐き眼手足腰などの神経がやられ、人事不省に陥る。最も危険なのは「パレライス」で、三十尋（約五十五メートル）以上の潜水作業時に起き、死亡する場合が多かった。そして、潜水病の治療には、一九〇八年にイギリス海軍によって開発された「ガントン療法」が有効と考えられていた。それは、患者が両足で錨をはさみ、錨ごと潜水病に罹った深さ（症状の軽重によっても異なる）に吊り下げるという療法であった。吊っているうちに窒素ガスが排出され病状が回復してくるのである。ただし、吐き気や目まいがある場合は、何時間でも海中に吊られ続けた。

操業期間は、五月から十月までの約半年。採ったシロチョウガイの八割はアメリカに送り、残り二割を母船に積み日本に持ち帰った。帰国にあたっては出港時と同様、船団を組んでパラオ近海まで進んだが、その後は、各船バラバラに全速力で日本を目指したという。いっときも早く日本に帰り着き、家族に会いたかったに違いない。

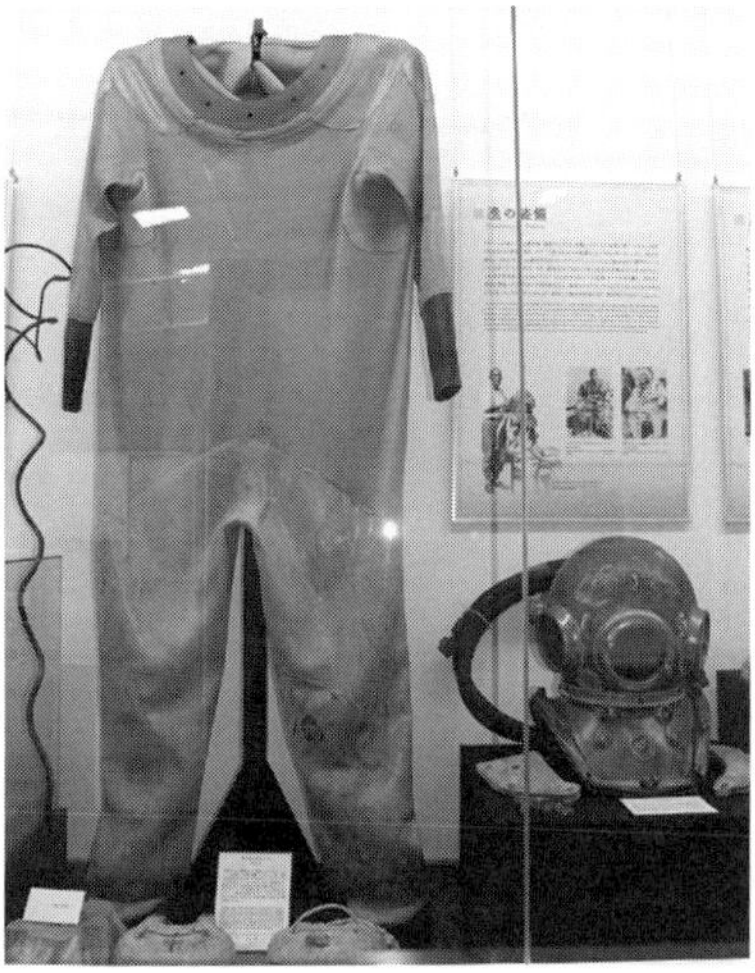
図③　潜水服（潮風の休憩所展示、筆者撮影）

オーストラリアから帰国した日蘭丸が串本港に停泊していた時のこと、たまたま下関の漁船が隣に船を着けた。六十歳くらいの漁師が「にいさんたち、どこから帰ってきたのか」と声をかけてきたので、山本さんは「豪州からだ」と言うと、「そこはどこか」と尋ねるので、「オーストラリアだ」と言った。するとその漁師は「なんと紀州の漁師は偉いなあ。ワシらは若い頃、朝鮮半島に行くのにも親戚が集まって水杯で別れを惜しんだというのに。こんな小さな船でよくもまあオーストラリアまで行ったなあ」と、しきりに感心していたという。この下関の漁師の言葉に、「熊野」の人々が勇敢な海の民であることを改めて思い知らされるのである。

四　世界史から見たシロチョウガイ

シロチョウガイは直径三十センチほどの二枚貝で、水深二十メートルから百メートルの粗い砂地や岩場の海底に生息する。時には真珠玉を含んでいることもあるが、人々が求めたものは分厚い貝殻で、中でも内側にある銀白色の真珠層はブローチや家具などの装飾品として需要があった。

十六世紀半ば、ポルトガル人が香料を求めて南太平洋にやって来た時、トレス海峡の先住民は、ナマコやシロチョウガイ、フカヒレなどの特殊海産物を中国への輸出品として取り扱っていた。トレス海峡でイギリスによるシロチョウガイの採取が始まったのは一八六〇年代であるが、ナマコの方が半世紀ほど早かった。一八〇四年、イギリス船フランシス号の船長アイッキンは金儲けに抜け目のない人物で、トレス海峡でナマコが大量に生息していることを発見するや、「広東に運べば一トン五十ポンド」と叫んで煮干しの見本をシドニーに持ち帰った。このことを知った総督は彼のナマコ事業に応分の支援を与えた（鶴見良行『ナマコの眼』一八五頁）。

中国との貿易で入超状態だったクィーンズランド州やニューサウスウェールズ州は、中国向けの新たな商品の開発を目指しナマコ漁に着手したのである。十九世紀はじめの太平洋や東アジア海域では、ナマコ、シロチョウガイ、鯨油、白檀などが中国との交易品として求められ、オランダ、イギリス、フランス、アメリカ、ドイツの間で太平洋通商の覇権が争われていた。南太平洋に拠点を持つイギリス系商社は、ニューカレドニアを中心に勢力を伸ばすフランスに圧倒されて撤退を余儀なくされ、新たな産業部門の開拓に迫られていた。また、イギリスは、アメリカの独立によって囚人の移送地を失っていたこともあり、オーストラリアの植民地化に本腰を入れるようになった。そして、シドニーやメルボルンがある東岸南部から北部へと海洋を開拓していく過程で、トレス海峡においてナマコやシロチョウガイが多数生息していることを発見したのである。シロチョウガイ採取の創始者ウィリアム・バナーももとはと言えばナマコ業者であり、彼の背後にはシドニーの南太平洋通商会社の存在があった。

ところで、十九世紀後半になると、中国貿易の主要産品であった鯨油はしだいに石油に取って代わられ、また、白檀も過剰な伐採のため資源の枯渇状態を招いた。このような状況下にあって、シドニーの南太平洋通商会社は経営の多角化を狙って、オーストラリアのゴールドラッシュに伴う中国系移民の輸送、クィーンズランド州や太平洋フィジー諸島のサトウキビ、綿花プランテーションへの労働力の徴募と輸送、さらにはナマコやシロチョウガイ等、特殊海産物の採取及び交易にその活路を見いだそうとしたのである（松本博之「アラフラ海の真珠貝に関する覚え書き」八頁）。

鶴見良行氏も「シロチョウガイは、産業革命を土台とするヨーロッパや北米社会のボタン材料である。ナマコは、強壮不老の信仰をともなった食糧だった。ナマコの需要は伸びているけれど、清朝末の中国社会には、産業の爆発的な勢いに乗るヨーロッパのボタンに匹敵する需要はナマコにはなかった」と述べているように、ナマコに比べシロチョウガイは生産高も需要も遥かに大きかったのである（『ナマコの眼』一九二頁）。

このような世界史的背景のもと、「熊野」出身の人々は遥か南洋に出かけて行ったのである。しかし、彼らは自身が危険を侵してまで採ってきたシロチョウガイが、どこで、どのように加工され、製品化されるのかなど、どうでもよかったに違いない。彼らの関心は、できるだけたくさんのシロチョウガイを採ることだけだった。

ところで、木曜島やアラフラ海への契約労働者の移動は、この地域に限られたことではなかった。また、日本人だけの特異な現象ではなく、十九世紀後半からの世界システムの拡大と北米・ヨーロッパにおける工業革命、さらにはオーストラリアをはじめ、カナダ、アルゼンチン、ニュージーランド、南アフリカなどの、白人による「入植地」の産業開発への世界的な労働力移動の一環として現れたものであったと、文化人類学者ジェレミー・イーズは述べている（J・S・イーズ「世界システムの展開と移民」一〇三〜一〇六頁、「アラフラ海の真珠貝に関する覚書」九頁）。

そして、移民の要因について、「根底において圧倒的に経済的なものであることは明らかである。だが、ある場合には、文化的要因もそこに加わる」と指摘する。移民の当事者たちが、同じ地域の出身者、同じ文化的背景や宗教を持つ人々を求めるのは、文化的な要因によるのだという。木曜島やアラフラ海に採貝出稼ぎに行くのは、親子や兄弟、親戚関係であったり、里を同じくするケースが多かった。長期にわたる船上での生活、綱一本が命を左右する世界では、やはり血縁、同郷といった「文化的要因」が大きな意味をもってくる。「熊野」の人々がコミュニティを大切にし、木曜島に「三輪崎ハウス」「宇久井ハウス」「串本ハウス」「出雲ハウス」「潮岬ハウス」「周参見ハウス」など作っていたことからも、それは窺えるのである。

＊1　オーストラリアの白豪主義は、すでに十九世紀半ばより始まっていたが、その背景にはゴールドラッシュがあった。一八四九年、カリフォルニアでの金発見から三年後、オーストラリアでも金が発見された。このニュースは瞬く間に世界中に伝わり、一攫千金を求めて多くの人々がオーストラリアへとやってきた。ところが、ヨーロッパの人々をオーストラリアに運んだ船は、復路に積む荷物がなかった。そこで、中国に向かい、幸運にも茶を摘むことができた船は北大西洋へ出帆したが、茶貿易に適さなかった船舶は労働力として中国人を積み込み、再びオーストラリアへ戻っていった。約四万人の中国人がオーストラリアにやってきたと言うが、中国人の習慣はヨーロッパから来た人々にとって、あまりにも異質で、相まみえることはなかった。

＊2　イギリス人業者らの採貝業が始まった一八六〇年頃は、シロチョウガイも浅水に多かったが、それから三十年あまりの間の漁獲により枯渇したため、漁場も、年々、沖へ沖へと動いていった。そのため、潜水には道具が使われるようになった。小川平著『アラフラ海の真珠』には、「機械化の始まりは大正末期から昭和初期のことで、空気圧搾機が各船に備え付けられ、それにつれて潜水服も改良され、より深水へ潜水できるようになった」とある。戦前は、頭だけヘルメットをかぶっていたという。

第九章　コーンウォールと熊野

一　イギリスとコーンウォール

コーンウォール（cornwall）はイギリス南西端、大西洋に突き出した細長いコーンウォール半島の先端部に位置する地域である。面積は鳥取県とほぼ同じで、約五十万人が暮らしている。住民の多くはケルト人をルーツとしており、今もケルト文化が各地に残っている。イギリスは高緯度の割に暖流の影響で比較的温暖であるが、その中でもコーンウォールはどこか南欧的な明るさがある。地名についていえば、「corn」は角のかたちを、「wall」は異国の人々を意味し、イングランドとはどこか異なる雰囲気の土地である。近年、イギリスを訪れる日本人は約二十三万人にものぼるといわれるが、目立った観光地のないコーンウォールまで足を伸ばす人はそれほど多くはないだろう。

そのコーンウォールを旅したのは、一九八四（昭和五十九）年の夏、二十九歳の頃だった。当時、大学院生だった私は、イギリス海事史を修士論文のテーマとしていたこともあって、フィールドワークと称してコーンウォールを旅したのである。イギリスの歴史については、我が国では多くの研究者によって、様々な分野にわたって研究がなされているが、海事史に関しては意外にも少なかった。かつてイギリスは七つの海を支配し、産業革命に

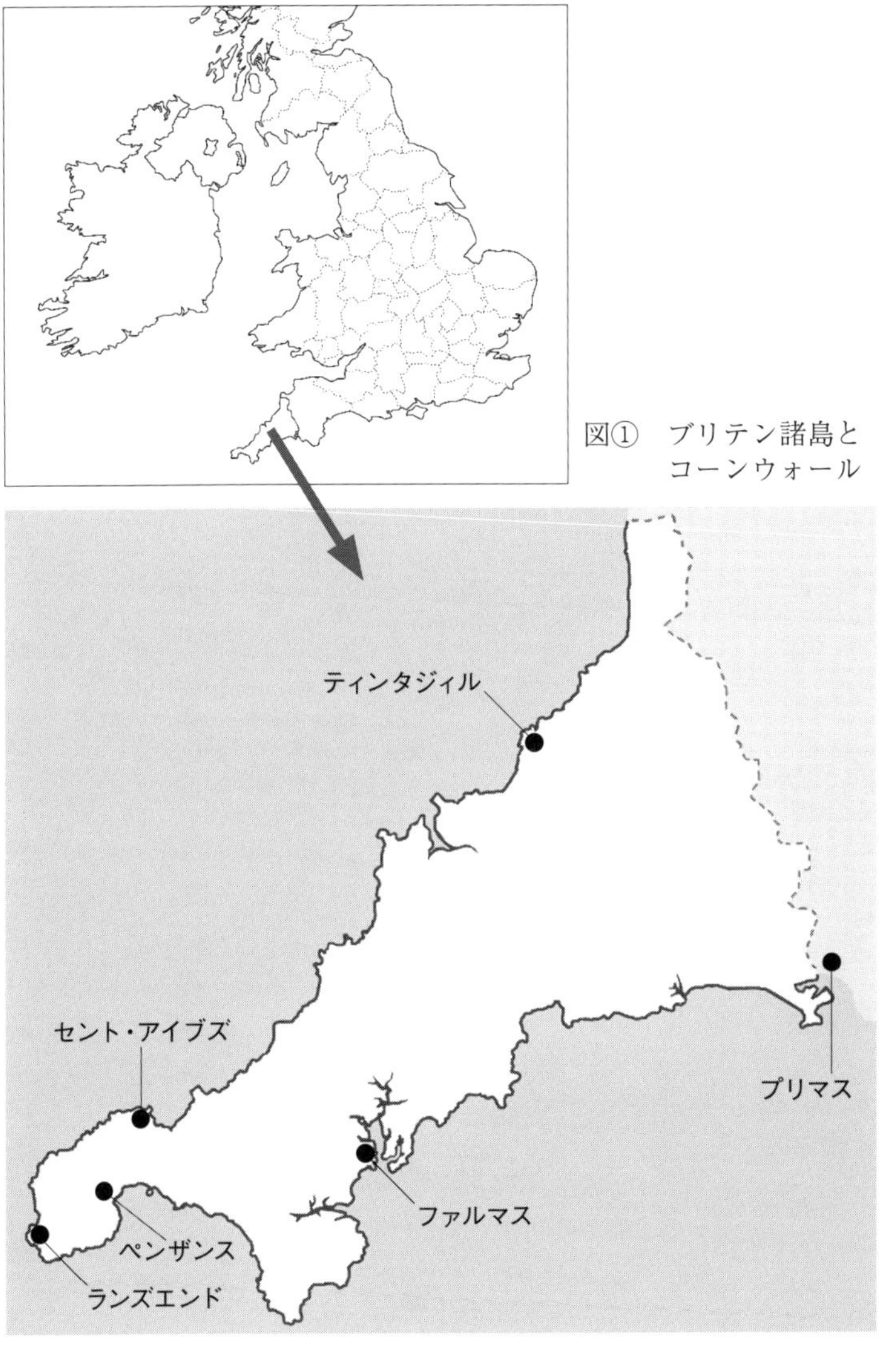

図①　ブリテン諸島とコーンウォール

よって生み出された商品を海外へ輸出し、繁栄を誇ってきた。しかし、どれほど商品を生産し、また海外に多くの植民地があろうとも、物資を積んだ自国船が無事に航行できなければ何の意味もない。途中、他国の海軍や海賊に襲われでもすれば元も子もなくなってしまうからである。イギリスの発展には海上支配権の確立こそが前提条件であると考え、私は海事史を専攻したのである。

ところで、イギリスと言えば海軍国としてのイメージが強いが、中世末までは農耕と牧畜の国だった。大航海時代にも、ポルトガルやスペイン、オランダに先を越されていた。それでは、海外進出に出遅れたイギリスが、いつ頃、いかようにして、海上支配権の獲得に乗り出していったのか。私は、その起源をエリザベス一世時代に求め、大海賊と呼ばれたフランシス・ドレークやジョン・ホーキンスなどの活動を中心に論文をまとめたいと考えていた。

二　高橋哲雄先生

私がイギリス史に興味を持つようになったのは高橋哲雄先生のおかげである。高橋先生は、神戸市にある甲南大学経済学部の教授で、当時四十代半ばだった。三年生でゼミを選択することになり、学部内で人気の高い高橋ゼミに入りたいと思い、友人と二人で先生の研究室を訪ねたことを今もよく覚えている。その甲斐あって願いは叶ったものの、不肖の教え子である私は、肝心の経済の勉強よりも、教室を離れた先生の研究室やご自宅でお聞きするイギリスの話に夢中になった。

先生は、イギリスに留学されていた時、鉄道とバスを乗り継いでイギリス全土を歩かれており、時折、ミシュランの「イギリス地図」を広げながら、「コーンウォールにあるセント・アイブスという所はねえ……」などと、イギリスのいろいろな土地や歴史について話をしてくれた。初めて聞く外国の地名に「いったいどんな所だろう」と思いを巡らせたものである。

私は、大学卒業後、和歌山県内の小・中学校に勤務していたが、高校で世界史を教えたいと思い続けており、二十九歳の時、兵庫県に新設された教育大学の修士課程で学ぶ機会を得て、西洋史がご専門の吉田興宣先生のゼミに入った。前述した通り、「近代イギリスにおける海上支配権の起源」を研究テーマとし、政治や経済、貿易、また海賊などを含むイギリスの海洋進出に関する文献を収集する中で、実際にイギリス海峡やプリマス港、コーンウォールの海を見たいと思うようになった。また、先行研究として愛読していた別枝達夫著『海事史の舞台』からも大きな影響を受けた。この本には、海事史が専門の別枝氏が、一九六八年六月から十月にかけてコーンウォール州と隣のデボン州を旅した紀行文や、エリザベス一世時代の海事史に関する論文が数多く収録されていた。別枝氏が歩いたイギリス海事史の舞台を訪ねてみたいとも思ったのである。

そこで、夏休みを利用してイギリス行きを計画し高橋先生にご相談に伺ったところ、先生も七月から九月までイギリス中部のシェフィールド大学に滞在されるとのことで、「夏休みに少し時間がとれるので、一緒にコーンウォールを廻ろうか」とおっしゃってくださった。高橋先生は運転免許をお持ちではなかったこともあって、先生のナビゲートで私がレンタカーを運転することになった。心強い通訳までお願いすることとなり、私にとっては願ったり叶ったりの旅となった。

もう一つ幸運なことに、親戚の女性がご主人の仕事の関係でロンドン郊外に住んでいたのである。早速、国際電話でコーンウォールの旅の計画を話すと、「是非来なさい」と快く言っていただいたので、厚かましくもお世話になることにした。

三　コーンウォールへの旅

一九八四年七月二十日、エールフランス機でヒースロー空港に着いた。最初の一週間は親戚の女性のお宅にご厄介になり、大英博物館やグリニッジにある国立海事博物館などを見学し、イギリス海事史の一端に触れた後、七月末、高橋先生とロンドンで合流し、レンタカーを借りてコーンウォールに向けて出発した。高橋先生の的確なナビゲートのお陰でロンドン市内をなんとか通り抜けたが、ハロッズ百貨店の側を通った時はさすがに緊張した。

イギリスの道路はM（高速道路）、A（主要幹線道路）、B（ローカルな道路）に分けられ、高速道路の料金は無料で道路標識もわかりやすかった。私たちは、A2道路を利用してドーバー海峡を目指した。

ロンドンからドーバー海峡に出て、海沿いに車を走らせ、ライ、ブライトン、ポーツマスに立ち寄った後、フランシス・ドレークやジョン・ホーキンスらを生んだプリマス、海賊貴族キリグリュー家の居城があったファルマス、地の果てと言われるブリテン島最西端ランズエンド、その少し北寄りにあって高橋先生が「天上的な美しさをちりばめたところ」と表現するセント・アイブズ、アーサー王の生誕の地とされるティンタジル、アーサー王の墓が発見されたグラストンベリー、さらにウェールズに入り、渓谷の古本街へイ・オン・ワイ、北部のカーナフォンまで行き、ロンドンに戻るという二週間の計画であった。宿泊場所などは行きあたりばったりであった。一日の走行距離をだいたい二百キロとし、

図②　ランズエンドの海（筆者撮影）

夕方、少し早い時間帯に着いた土地でB&B（ベッドと朝食付きの民宿）を探した。

　高橋先生は、イギリス海事史の舞台を訪ねたいという私の願いを聞き入れ、イギリス海峡沿いに車を走らせ、海賊などと関係深い土地を巡ることにお付き合いくださった。先生ご自身も、ブロンテ姉妹の母の実家があったペンザンスや、ヴァージニア・ウルフが少女時代を過ごした別荘があるセント・アイブズを訪ねることを楽しみにしておられた。このあたりのことについては、先生の著書『二つの大聖堂のある町』の中に詳しく記されてある。ちなみに私も「大学院生I君」として登場している。

　ロンドンからコーンウォールまで直接行こうとすれば、鉄道だと、ロンドンのパディントン駅から終着駅のペンザンスまで、特急コーニッシュ・リヴィエラ号で約五時間、そこから半島先端のランズエンドまでは、さらに車で約一時間程かかる。これは、東京から名古屋まで新幹線に乗り、特急南紀に乗り換えて南紀勝浦駅に到着、そこから車で串本に至る時間にほぼ等しい。

イギリス海峡を左に見、西へ西へと車を走らせながら時折頭をよぎったのは、コーンウォールの景色がどこか熊野の風景に似ているということだった。キラキラ光る海、深い入り江、遠浅の砂浜、海に突き出した崖……。これらが熊野の景色と重なって見えたのである。

四　世界半島会議

コーンウォールの旅から十年が過ぎた一九九四（平成六）年、「全国歴史教育研究協議会」が那智勝浦町で開催された。この時、私は、新宮市内の高校に勤めていたこともあって世界史分野で発表することになった。大会のテーマは「熊野黒潮文化圏の形成と展開」で、分科会のテーマが「世界史教育を通じて国際的歴史認識をどのように育成するか」というものであった。私が最初に発表テーマとして思いついたのが、「コーンウォールと熊野」である。コーンウォールを訪ねて以来、リアス式海岸や天然の良港、海との関わりが深い土地であることなど、熊野との共通点を感じていたからである。また、アニミズムや海賊などについても興味を抱いていた。しかし、イギリス南西端と熊野を比較することが大会のテーマに合致しないと考え、別のテーマで発表した。

それからさらに五年が過ぎた一九九九（平成十一）年、那智勝浦町で「第二回世界半島会議」が開催された。世界半島会議は、日本政府が半島地域の歴史や文化を生かした先進的な取組みを行っている国内外の団体に呼びかけて行うもので、第一回は伊豆半島の下田で開催された。第二回に参加したのは、コーンウォール半島（イギリス）、ケープコッド半島（アメリカ）、ヨーク半島（カナダ）、ブルース半島（オーストラリア）と、国内では国《くに》東《さき》半島の杵築《きつき》市（大分県）、紀伊半島の熊野市（三重県）、吉野町（奈良県）、新宮市（和歌山県）で、それぞれの半島が抱える諸事例についての報告と、二十一世紀に向けた半島振興への取組みについての提言がなされた。

この会議で、コーンウォールの代表として発表したのは、アイアンブリッジ博物館トレビシック・トラスト・チーフ・エグゼクティブのスチュアート・スミス氏である。アイアンブリッジ博物館は、世界初の鋳鉄製アーチ橋などの産業遺産を含む屋外博物館として、地域の歴史や製鉄業発祥の地としての文化資源を保全・活用していくことを目的として設立されたという。ちなみに、トレビシックとは、ジョージ・スティーブンソンが蒸気機関車の実用化に成功する二十年程前、南ウェールズの製鉄所において蒸気機関車を走らせた人物の名である。

スミス氏は、コーンウォール半島は暖流の影響を受けて気候は温暖でイングランドの他の地域とは少し異なること、かつては錫や銅などの鉱山業が盛んであったが、十九世紀にその多くが閉山したため、住民は海外に移民として出かけて行ったこと、また近年は鉱山の遺跡を観光資源として利用し半島振興に繋げていることなどを報告した。

暖流の影響を受けて気候が温暖であることは熊野も同じである。両地方に共通するのは海であり、海との関わりの中に人々の暮らしがあった。また、移民が多い点も共通しているし、熊野でも観光に力を入れている。世界半島会議でのスミス氏の発表が契機となって、これまで漠然と考えてきたコーンウォールと熊野の比較が、具体性を帯びてきた。

五　コーンウォールと熊野

ケルトと縄文

コーンウォールはケルトの国である。ケルト人は、紀元前よりヨーロッパ大陸の中心付近に住んでいたが、人口過剰による食糧不足などで移動を開始し、またローマ帝国によって駆逐された。宗教は多神教で、文学、美術などでも独自の文化を形成したが、一神教であるキリスト教の伝播により、その多くは壊された。しかし、ケルト文化は、スコットランドやウェールズ、コーンウォールなどのブリテン島周縁部に残されてきた。このケルト文化と日本の縄文文化が類似していると指摘するのが、岡本太郎氏である。

ところで、驚くのは、このケルトと縄文文化の素描に、信じ難いほどそっくりなのがあることだ。地球の反対側といってもいい程、遠く離れているし、時代のズレもある。どう考えても、交流があったとは思えない。そして遺物も、一方は狩猟・採取民が土をこねて作った土器だし、片方は鉄器文化の段階にある農耕・牧畜の民のもの、石にほられたり、金属など。まるで異質だ。しかし、にもかかわらず、その両者の表現は双生児のように響きあっている。

（『美の世界旅行』一九七～一九八頁）

また、梅原猛氏は、「熊野は近畿地方においてもっとも縄文文化の面影をとどめる地域である」と述べている。

熊野はやはり狩猟採集、正確に言えば漁撈採集の国であり、驚くべきことには徳川中期まで太古の風習が残っていたのである。言ってみれば、熊野は縄文文化が遅くまで残った土地であり、つい最近まで熊野の人たちは縄文時代の生活の風習を脱することは出来なかった。

（『日本の原郷　熊野』四四頁）

「縄文」という言葉は、一八七七（明治十）年、アメリカ人の動物学者エドワード・シルヴェスター・モースが、大森貝塚から発掘した土器を「Cord Marked Pottery」と報告したことに由来している。青森県の三内丸山遺跡や秋田県鹿角市の大湯《おおゆ》環状列石などには縄文文化が色濃く残るが、それは熊野も同じであると梅原氏は言う。

ユーラシア大陸の西端と東端、遠く離れたところに生まれたケルト文化と縄文文化に、どうして多くの共通点を見いだすことができるのだろうか。河合隼雄氏は、「人間は、どの国の人、どの民族であれ、多大な可能性を持っているわけだが、そこに内在するある面を洗練させていった文化と、それとは違う面を洗練させていった文化がある場合、この二つは異なっているが、互いに了解不能なものではなく、よくよく話せばわかり合える類のものだと思っている」（『ケルトを巡る旅』一七頁）と、キリスト教以前のヨーロッパで培われた心性や、それを表す昔話や伝説・神話が、日本のものによく似ている理由を推察している。

妖精の国と神々の国

コーンウォールは「妖精の国」である。妖精とは、自然の霊のことで、ケルト人は自然界にあるすべてのものに精霊が宿ると考えていた。ケルトに限らず太古の人々は、自分たちを取り巻く自然環境や現象を擬人化し、太陽、風、木々、水などに精霊が宿ると信じ、超自然的な存在に敬意を払ってきたのである。妖精については、支配民族の前に住んでいた原住民であるとか、キリスト教の到来によって抑圧された異境の神であるとか、様々な解釈がなされており、ヨーロッパ各地では妖精伝説が今も語り継がれている。近世以前にあって、妖精は悪魔や魔女と同類視されることもあり、きわめて恐れられた存在だったというが、この辺りが日本の妖怪と重ね見られる所以であると指摘する研究者もいる。

コーンウォールが「妖精の国」であるならば、熊野は「神々の国」である。日本には八百万《やおよろず》の神がおり、老木や巨石などにしめ縄を巻き、その近くに社を建てて畏怖崇拝してきた。社殿そのものより自然を大事と考えた古代の人々は、熊野市にある花の窟《いわや》［図③］のように、社がなくても自然物をご神体として祭ってきたのである。

そもそも、熊野三山信仰の起源も、川や大木、巨岩や滝といった自然崇拝から始まった

図③　花の窟（筆者撮影）

ものと言われている。熊野本宮大社は、明治二十二年の大水害が起きるまでは、熊野川の支流の音無川《おとなしがわ》と岩田川の合流する中州の大斎原《おおゆのはら》に鎮座していたことから、熊野川そのものに対する信仰に由来するものと言われている。また、大斎原のイチイの木に神が三体の月になって降りたという伝承もあり、大木を信仰したとの見方もあるが、いずれにせよ自然を対象としている点に変わりはない。

新宮の熊野速玉《はやたま》大社は、熊野川の河口近くに鎮座しており、「速玉」、すなわち「玉のように光る生命力」を象徴することから、熊野川を起源とする説、また、神倉山の「ゴトビキ岩」〔図④〕が信仰の対象であったという説もある。熊野那智大社は、「飛瀧《ひろう》神社」とも呼ばれているように、滝を信仰の対象としてきた。このように熊野三山信仰も、自然物や自然現象への崇拝から始まったのである。このことは、樫の木や巨石に精霊が宿ると考えたケルト人たちのアニミズムとも重なり、コーンウォールと熊野に共通点が見られるのである。

太陽信仰

コーンウォールにも熊野にも太陽信仰があった。イギリスを車で走っていると石を環状に配置したストーンサークルを見かけることがある。その最大のものがソールズベリー近

図④　神倉神社のゴトビキ岩（筆者撮影）

図⑤　ストーンヘンジ（筆者撮影）

郊のストーンヘンジ〔図⑤〕である。今では世界遺産となり、アメリカのグランドキャニオンやオーストラリアのエアーズロックなどと共に世界有数のパワースポットとして人々の関心を集めているが、太陽崇拝の祭祀場、古代の天文台、ケルト民族のドルイド教徒の祭儀場などと様々な説があるものの、はっきりしたことはわかっていない。

井村君江氏によると、ドルイドにとって円は「宇宙」を象徴する形であり、また「太陽」をも表しているという。太陽は、生命の創造・成育・豊饒のエネルギー供給者であり、光と活力の源であると考えられてきた。ケルト人にとって、太陽は「朝昇り、夜沈む」のではなく、沈んだ太陽が「死」の闇から始まり、翌日は明るく「生き返る」「再生する」という巡り方をすると言うのである（『ケルト神話の宇宙観――ドルイドを中心にして』二八頁）。

萩原法子氏によれば、熊野も「よみがえりの地」である。ヨミとは黄泉、死者の国であり、ヨミガエリは死者の国からの再生を意味する。平安末期からはじまる末法思想が人々の間に広がり、この世のはかなさをうたった世相のただなかにあって、阿弥陀の世界、観音浄土とされていた熊野へ参ることで、人々はひたすら永遠なる世界を求めたのだという（『熊野の太陽信仰と三本足の烏』二一頁）。

熊野には太陽にまつわる祭りが多い。「那智の火祭り」として知られる熊野那智大社の例大祭では、メインイベントとして火のついた大松明や太陽を模した十二体の扇神輿が、本殿から那智の大滝まで渡御して五穀豊穣や家内安全などを祈願するという儀式がある。熊野には、この他にも新宮の「扇立祭」や「お灯祭」、大島の「水門祭」に太陽信仰との関係があると言われている。

アーサー王伝説と神武伝説

コーンウォールはアーサー王伝説の地である。アーサー王は、五、六世紀頃、ブリテン島に侵入したサクソン族を破った英雄とされ、イギリスの伝説中、最も人気がある。古くはネンニウス著『ブリトン史』に描かれ、十二世紀に入って、ジェフリー・オブ・モンマスが書いた『ブリトン国王列伝』で広く知られるようになり、これをもとにして中世騎士文学の代表作『円卓の騎士物語』にも描かれた。アーサー王物語は、吟遊詩人によってコーンウォールやフランスのブルゴーニュにも伝えられたが、ノルマン征服により、再びイギリスに逆輸入された。

アーサー王が実在の人物かはわかっていない。しかし、今も多くの人々に信じられ、コーンウォールをはじめイギリス各地にアーサー王に関する伝承が残っている。例えば、コーンウォールにあるティンタジル城跡［図⑥］は、アーサー王が生まれた場所とされてい

図⑥　ティンタジル城跡（筆者撮影）

るが、この城は十二世紀に建てられたもので、実はアーサー王とは何の関係もない。にもかかわらず、この地を訪れ、大西洋の荒波が打ち寄せる断崖絶壁の廃城に立つと、なぜかアーサー王誕生の舞台であるかのような錯覚に陥ってしまう。

この他にも、現在では博物館となっているウィンチェスター城のグレイト・ホールには、「円卓の騎士」で有名な「円卓」が飾られており、グラストンベリー大聖堂跡にはアーサー王とグイネヴィア妃の墓があったことを示すプレートが置かれていた。アーサー王の名前はスコッチウィスキーの銘柄やパブの名前などにも使われており、今も多くのイギリス人から愛されている。

一方、熊野には神武伝説がある。神武こと

イワレヒコは、兄たちと共に天下平定のため日向を発って大和を目指し大阪に上陸した。そこでは、土地の豪族ナガスネヒコが激しく抵抗し、神武軍は撤退を余儀なくされる。太陽の子孫であるのに太陽に向かって進軍することの誤りに気づいた神武は、紀伊半島を廻り熊野に再上陸する。しかし、ここでも土地の豪族ニシキトベが神武に敵対した。『古事記』によると、神武の軍勢は熊の毒気にあたり深い眠りに陥るが、熊野の豪族タカクラジが夢の中で天照大神から授かったという宝剣を持って現れると、神武軍は息を吹き返し敵を平定したというのである。

熊野には、神武にまつわる伝説があちらこちらにある。神武上陸の地についても、那智浜、新宮市三輪崎、または三重県紀勢町錦などの説があり、新宮市三輪崎の国道四十二号線脇には、「神武東征上陸地」と書かれた大きな看板がある。三重県紀勢町錦地区にも、神武山と名付けられた山があり、この地に伝わる「ぎっちょ祭り」は、ニシキトベが神武に降伏した儀式であると伝わる。また、串本町二色にはニシキトベの墓と伝わる石塔もある。

英雄伝説とカラス

熊野に上陸した神武を大和に導いたのは三本足のカラス（ヤタカラス）である。古代に

図⑦　熊野本宮大社の牛王宝印

図⑧　大鴉（『図説　アーサー王伝説事典』）

おいては、カラスに限らず鳥は予知能力を持ち、天空の神々と地上の世界を結ぶ神の使いとしての役割を担うものと見なされていた。古代中国では太陽の中にすむ足が三本あるカラスのことを「金烏」と呼び、太陽を運んでいると考えられていたようだ。かつては尊い霊鳥として崇拝されていたカラスであったが、中世になると稲田に害を及ぼす「鳥追い」の対象となり、霊鳥信仰は一般的に衰弱化の傾向を見せることになった。しかし、熊野のように古代信仰の色濃い地域や各地の神事の中には、現代に至るまでカラスや鳥に対する信仰が継続している（『熊野の太陽信仰と三本足の烏』四頁）。

熊野とカラスの深い関係は、熊野三山において参拝者に配られる護符牛王宝印《ごおうほういん》〔図⑦〕にカラスを図案化した絵文字が描かれていることからも窺える。かつて熊野では、山に死体を置き去る単なる風葬ではなく、それをカラスに食べさせる鳥葬が行われていたと推測されている。

また、江戸時代には「枇杷葉湯《びわようとう》」を売り歩く人々に商標としても使用されていたようである。ちなみにヤタカラス（八咫烏）の「咫」は、長さの単位で、「あた」と読み「大きな」という意味があるのだという。三本足のカラスは、「日本サッカー協会」のシンボルマークとしても広く知られている。

一方、アーサー王もカラスと深い関係がある。コーンウォールの伝承では、アーサー王の死後、彼の魂は大カラス［図⑧］の体に入ったと言われ、イギリスでは、「ロンドン塔のカラスがいなくなったらイギリスが滅亡する」という言い伝えもある。この他にもコーンウォールの州鳥となっている「チャフ」はベニハシカラスのことで、アーサー王の化身と信じられている。

アベロン島は観音浄土か

アーサー王物語は、甥モドレットとの戦いに傷ついたアーサー王が、黒い服をまとった聖女たちが漕ぐ小舟に寝かされて、アベロン島に向かうという場面で終わっている。井村君江氏によると、ケルト神話において、英雄たちは死後、南の海に乗り出して行ったという。彼らが向かう海の彼方の「常若の国」は、死の暗さのまったくない、美しく楽しい妖精の国のような、心憧れる場所だという。ケルトには、「霊魂不滅」「輪廻転生」の考え方があり、死を「もう一つの生の入口」と見る死生観があった。人が死んで肉体がなくなっても、霊魂は滅びず、そのまま次の人間の生に移されていくという考えである（「ケルト神話の宇宙観——ドルイドを中心に」五四〜五五頁）。

熊野でも、南の海の彼方に観音浄土があると見なして船出する「補陀落渡海《ふだらくとかい》」が行われていた。ポルトガル人モンタヌスによって『日本誌』の中にも描かれている。補陀落渡海は、九世紀から十八世紀半ばまでに四十二例が記録されているが、その内、約六割にあたる二十四例が那智浜からの出発である。

補陀落渡海は熊野だけでなく、四国の足摺岬や室戸岬、さらに熊本でも行われたというが、熊野が事例の半数以上を占めていることは間違いない。那智浜からの出立の典型的な形態は、小舟に食料と水を積み、船上の箱に僧侶が乗り込み、その箱を釘打ちし南の海の彼方にあるという観音浄土を目指すというものである。那智山は、古代以来、「補陀落の東門」といわれ観音信仰の一大拠点であった。屋島の合戦から逃れた平維盛も、熊野参詣後、那智浜から入水したという。民俗学者の五来重氏は、『熊野詣』の中で、熊野の海を渡って常世の国に赴いた神々がいたことや、古代の熊野では水葬も行われていたと推測されることなどから、「熊野の海の彼方には黄泉の国がある」と信じられていたと述べている。

六　海に生きる人々

「海賊」ネットワーク

コーンウォールも熊野も海賊と関係が深い。我々は海賊と聞けば、小説「宝島」のジョン・シルバーや映画「パイレーツ・オブ・カリビアン」のジャック・スパロー船長などを思い浮かべるが、一言で海賊と言っても時代や地域によって様々である。しかし、いずれの場合にも海賊行為が行われるためには、当然のことながら海上交通の発達や貿易の振興などの条件がそろっていなければならない。コーンウォールも熊野も、長いリアス式海岸を持ち、天然の良港も数多くあった。そして、目の前の海であるイギリス海峡や熊野灘は、海上交通のメインルートだったのである。

十四世紀から十五世紀にかけて、コーンウォールの諸港はフランスとの百年戦争で軍港として使用され、また国王の軍隊に多くの船舶や人員を提供したことでフランス側の攻撃にさらされた。その報復と称してイギリス側もフランス諸港を襲い、互いに略奪行為が繰り返された。

十六世紀に入り新大陸貿易やアジア貿易が盛んになると、アントワープやアムステルダ

図⑨　ペンデニス城（筆者撮影）

ムに向かうスペイン船やポルトガル船がイギリス海峡を頻繁に行き交うが、これらの船舶は航海術の未発達な時代にあっては、偏西風の影響でイギリス沿岸に沿って航行せざるを得ず、嵐の際にはコーンウォールの港に避難することもあったため、しばしば海賊の餌食となった。

海賊は、略奪品を売りさばく市場、資金、船、武器、追っ手から身を隠しうる避難所、捕らえられた場合にこれを保護し、また釈放してくれるパトロンを必要とした。パトロンとなったのは海岸地方に領地を有する地方貴族であり、彼らは隣接する地方貴族との間でネットワークを形成すると共に上級官吏や、中央の有力者とも結びついていた。海賊活動を奨励することで私腹を肥やしていた地方貴族の中でも、ファルマスに拠点を置くキリグリュー家は最大勢力であった。キリグリュー家の最盛期はエリザベス一世時代であり、当主のジョン・キリグリューはペンデニス城主兼コーンウォールの副提督を務め、彼の息子ヘンリーや母親までもが海賊活動に従事していたといわれている。彼らは、また、中央政界にもパイプを持ち、とりわけエリザベス一世の宰相ウィリアム・セシルとは緊密な関係にあった（カール・シュミット『陸と海と』四四〜四七頁）。

一方、熊野も海賊との関わりが深い土地である。新宮市内の料理屋では「熊野海賊料理」が供され、「熊野水軍」という銘柄の地酒もある。ところで、「熊野海賊」とか「熊野水軍」といった言葉を聞くが、どのような存在なのか今ひとつはっきりしないのは、我が国では水軍のことを「海賊衆」と呼んでいたことや、水軍の将は自らを「海賊大将軍」と称していたことなどとも関係がある。また、熊野水軍と言っても、いつの時代の、どのような勢力を指すのか、実に曖昧で一概には言えない。

いずれにせよ、熊野沿岸が重要視されるようになったのは、太平洋の海上交通が安定し、船の往来が活発になった十一世紀後半からである。熊野は平地が少なく農業には不向きな土地であったが、人々は目前に広がる海で漁労や輸送を生業《なりわい》にしてきた。これら海の仕事に従事する人々が熊野三山を統括する熊野別当によって水軍に編成されたのは平安時代末期のことである。『吾妻鏡』には、「熊野権別当湛増《たんぞう》率いる熊野山衆徒が源氏方にたって蜂起し、志摩国菜切嶋を襲った」とある。また『平家物語』にも、「熊野別当率いる二百艘の熊野水軍が壇ノ浦の戦いに源氏に味方し勝敗を決した」ことが記されている。しかし、湛増以降は、熊野別当家の内紛や承久の乱を経て、熊野水軍としての統制はとれなくなり、海の有力者らは、それぞれの土地において割拠することになるのである。

南北朝期の熊野水軍としては、小山氏、塩崎氏、泰地氏らを挙げることができる。一三三六（延元元）年六月、足利尊氏の上京にあわせ、それまで新宮周辺で小競り合いを続けてきた石堂義慶・下熊野法眼等の足利勢が数百艘の船に分乗して上京を図ったが、古座の小山実隆、那智の色川盛氏らの南朝方水軍が潮岬沖で迎え撃ち、これを撃退したことが『小山家文書』に記されている。紀伊半島南部に割拠した小山氏、塩崎氏、泰地氏らは、一族として行動している点にも特徴があった（網野善彦「太平洋の海上交通と紀伊半島」二九一頁）。紀伊半島の浦々に分散して根拠を持つ海の領主たちは、海上での活動を通してネットワークを形成していたのである。熊野水軍が主に南朝に味方して戦ったことについて、網野善彦氏は「北条氏による海上支配に対する、これら海の領主たちの根深い憤慨を、南朝が組織することに成功したものとみなさなくてはならない」と述べているが、こうした熊野水軍の動きに対し、足利幕府も熊野水軍を味方に引き入れようと、泰地氏や塩崎氏に、周防国竈門関《すおうのくにかまどのせき》（山口県熊毛郡上関町）から摂津国尼崎（兵庫県尼崎市）までの海域において西国運送船と廻船の警固を命じ、その代償として兵庫島で兵糧料を徴収する特権を与えたのであった。

次に、戦国時代の熊野水軍と言えば九鬼《くき》水軍ということになろう。九鬼氏は、尾鷲近くの九鬼浦出身とも言われ、隆良の代に志摩の波切に進出し、義隆の時代には織田信長の権力を背景に志摩・鳥羽一帯を支配した。その後、信長の命を受けて建造した、日本初の鉄船で毛利方の村上水軍に大打撃を与えた。信長亡きあとは豊臣秀吉に仕え、朝鮮出兵の際には、日本水軍の一翼を担った。九鬼氏は、熊野灘と遠州灘の交わる志摩半島を押え、鳥羽の小浜氏や五ヶ所浦（南勢町）の愛洲氏、新宮の堀内氏などと縁戚関係を結び海のネットワークを築いていたことや、信長や秀吉などの中央の権力者とも通じていたことなどから、コーンウォールのキリグリュー家を彷彿とさせるのである。

難破船は神様からの贈り物

コーンウォールや熊野の沿岸では、近世に入ってからも難破船への略奪が起きていた。和歌山県出身の南方熊楠は、「コーンウォール州に、他州人の破船多くて獲物多からんことを祈り、立てた寺院すらあるなり」（「神社合祀に関する意見」）と記している。熊楠は、一八九二年から一九〇〇年までの八年間、ロンドンに滞在し大英図書館で研究生活を送っていたことから、コーンウォールの風習などについても知悉していたものと思われる。コーンウォールでは難破船から流された漂着物を自由に拾って私物化してよいという風習があった。

一七五一年一月十七日付イギリスの『ジェントルマンズ・マガジン』は、コーンウォール沿岸で起きた略奪事件について、以下のように記事にしている（金澤周作「近代英国における難破船略奪」三〜四頁）。

ペンザンスへ向かう途中のロンドン発のブリッグ船[*1]が、コーンウォールのルー港近くの岸に打ち上げられた。人々はボートに乗り移ったが皆死んでしまった。税関の調査官が何とか積み荷（貴重品と原料）を確保したが、税関が警備員として指名したであろう町民たちが自ら略奪を行い、そして、貧民のみならず立派な農場主、小売り商人まで、この地方の人々が皆殺到し、役人たちをものともせず、馬、そして荷車にさえ彼らの略奪品を積み込んだ。

十八世紀から十九世紀半ばにかけて、イギリスの沿岸各地では特に海の荒れる冬に、このような難破船の貨物強奪が頻繁に行われていたという。沿岸に住む人々は、難破船を「神様からの贈り物」と見なしていたようである。

難破船への略奪行為は、江戸時代の熊野灘沿岸でも起きていた。難破船の取り扱いは大変複雑で厳重な手続きを必要としたのだが、それは船乗りと浦の漁民が共謀し、遭難を装って積み荷を略奪することが多かったからである。幕府は常に難破船に関する禁令の高札を出し、また大庄屋には、「御城米難船大庄屋取扱心得書」などを示して徹底的に取り締まりをさせたが、それでも禁制を破る者は予想以上に多かったという。

遭難に名を借りて貢租米などを海中に投げ捨てたり、船頭と結託して横流しを行ったりした事件が尾鷲の九木崎から志摩の大王崎にかけて起きている。その中でも江戸時代後期に「波切」で起きた事件は志摩国をゆるがす大きなものであった（『大王町史』）。

天保元（一八三〇）年九月二十四日、大王崎の沖で幕府の御城米を積んだ千石船が遭難した。翌日、難船を発見した波切村の漁師たちは、村役人と相談の上、水船となっていた千石船から濡米や碇を自分たちの船に積み込み近くの浜に運んだ。村役人らは、波切村の漁船が、偶然、難破船を見つけ米俵を拾ってきたという虚偽の陳述をしたが、実際は庄屋久右衛門はじめ村役人の指揮下に、村中総掛かりで数百俵の米を夜通しかけて瀬取ったのであった。

この事件について、船頭と波切村の者らが仕組んだ偽装難船の疑いがあると見なした代官所の役人は、手下を連れて夜中に波切村に入り内偵していたところ、強盗と間違えた村人らによって役人一人が殴り殺された。その結果、濡米窃盗、代官所役人への乱暴狼藉、村役人の事件の隠蔽と監督不行届などの罪で、波切村ほか近隣の村々にも捜査の手が延び、総勢三百五十名が取り調べを受けた。最終的に庄屋久右衛門をはじめ四十名が江戸に送られ、十四名が刑死または獄死したのである（『大王町史』二一二～二二四頁）。

コーンウォールでの難破船略奪も志摩の波切事件も、沿岸に暮らす人々の長い間の慣習に端を発するものであった。また当時の漁村の生活が困窮していたことと深く関係があった。いずれの地も、海上交通のメインルートに位置している上に、都から遠く離れ官憲の監視が届きにくかったため、略奪が行いやすかったのであろう。

七　むすびに――半島性がもたらす共通項

コーンウォールも熊野も半島の先端部に位置している。半島を英語で「ペニンシュラ（peninsular）」と言うが、その語源について佐波宣平著『復刻版　海の英語』では、ラテン語の「paene（ほとんど）」と「insula（島）」を合わせたもので「ほとんど島と言ってよい」、または「半ば島」という意味だと説明されている。コーンウォールは三方を海に囲まれており、隣接するデボン州とはタマール川で分断され地理的にも独立性が強い土地である。これと同様に、熊野も紀伊半島南部に位置し、半島中央部を占める紀伊山地の山々は他の地域との障壁となってきた。陸から見れば、コーンウォールも熊野もまさに「孤島」であった。

半島について、新宮出身の中上健次氏は次のように述べている。

半島とはどこでもそうであるように、冷や飯を食わされ、厄介者扱いにされてきたところでもある。理由は簡単である。そこが、まさに半島である故。紀伊半島の紀州を旅しながら、半島の意味を考えた。朝鮮、アジア、スペイン、何やら共通するものがある。アフリカ、ラテンアメリカしかり。それを半島的状況と言ってみる。

（『紀州　木の国・根の国物語』一一頁）

櫻井進氏は『〈半島〉の精神誌』の中で、「〈半島〉とは、共同体と共同体を媒介し、そこから差異を生み出す資本主義の空間でありながら、近代の産業資本主義によって抑圧され、植民地に変容した空間なのではないだろうか。中上のいう「半島的状況」は紀州だけ

図⑩　セント・アイブスの海（筆者撮影）

でなく、朝鮮、アジア、スペイン、アフリカ、ラテン・アメリカへと広がる。（中略）これらの諸地域の多くは十九世紀以降の植民地主義によって西洋の列強に従属させられるようになったが、それ以前においては、多くの富と豊穣をもたらす空間であった」と述べ、半島に対する見方・考え方に資本主義が大きく関わっていると指摘する（八〇頁）。

確かに、半島は辺鄙な土地であることが多く、情報や文化も遅れているような感があるが、それはモータリゼーションが発達した現代から見た場合であり、鉄道や自動車もなく海上交通が中心の時代にあっては、むしろ人や物の交流の場であった。アメリカ船が最初にやってきたのは紀伊半島先端の大島で、その六十二年後に、ペリーがやってきたのも三浦半島の浦賀であり、伊豆半島の下田であった。

一九九八（平成十）年、その下田で開催された第一回世界半島会議では、半島のメリット・デメリットについて国内及び海外の半島地域に対してアンケート調査が行われた。その結果、半島に住むことに対して、メリットが大きいと答えた日本の自治体は非常に少なく、六・四％であったのに対して、海外では五七・一％がいろいろな意味でメリットが大きいという答えを出した。

逆にデメリットが大きいと感じている自治体は日本では五三・四％、これに対して、海外では六・一％であった。このことから、海外では半島について「自然が多く残っており居住環境が良い」とポジティヴに捉えている人々が多いことがわかる。

世界半島会議に出席したコーンウォール代表のスミス氏は、半島について次のように述べている。

半島に住む人々というのは、やはり国の他地域の人とはかなり違うわけです。例えばコーンウォールの住民でもロンドンへ行ったことがなくても、サンフランシスコで仕事をしたという人たちがいるのです。内陸に目を向けるのではなく、むしろ、世界に目を向けるというのが半島の人々の特徴だと思います。

半島の歴史・文化を考える場合、このような世界的な広がりやつながりのなかで評価していくことも重要だと言えます。

(『世界半島会議開催業務報告書』一一頁)

コーンウォールはローマ時代より世界有数の錫の産地として知られてきたが、十八世紀に入り、鉄板に錫でメッキを施し防錆効果を高めたブリキが開発されたことで、コーンウォールも錫の積み出し港として活気づくのである。しかし、産業革命後、蒸気機関による錫の採掘が広まると、コーンウォールの錫はだんだん枯渇していく。時を同じくして、マレー半島に進出したイギリス人が現地で錫を発見するや、そちらの安い錫に押されて、コーンウォールの鉱山業が大幅に衰退していったため、半島人口の約半数がカナダやオーストラリア、アメリカなど海外に移住していった。その移民たちによって、コーンウォールの鉱山技術は世界中に広まることになる。コーンウォールの出身者は、居住地などでコミュニティを形成し、たとえ

図⑪　セント・アイブス付近の錫炭鉱跡(筆者撮影)

故郷に帰ることがなくても、「コーニッシュ」（コーンウォール出身者）としてのアイデンティティを持ち続けたのである。

熊野も同様に移民を多数輩出してきた。移民県として知られる和歌山県の中でも、特に「熊野」出身の人々が、潜水技術を生かし、明治のはじめ頃よりオーストラリアの木曜島やアラフラ海に出稼ぎに行ったことは前章で詳述したが、彼らは出身地ごとに「ハウス」と呼ばれるコミュニティを形成し、アイデンティティを共有してきたのである。

大島に住んでいた私の祖父も、昭和の初め頃、テンダー（ダイバーの綱を持つ仕事）として木曜島に出稼ぎに行ったことがある。祖父は大の相撲好きで、ハウス対抗相撲大会に出場するため正月も家に帰らなかったという。相撲大会で獲得した賞金を故郷に送り、その金で当時小学生だった母の着物をこしらえたという話を聞いたことがある。

潜水による採貝では、ダイバーとテンダーの呼吸がぴったり合っていなければならず、また、狭い船の中で一緒に生活するため、血縁や同郷のコミュニティが必要とされたのである。

＊　＊　＊

半島はその地形のため僻地であることが多いが、僻地であるが故に、破壊や荒廃から免れたものが大切に残されている。しかし、その価値は半島に住む当事者にとっては当然のことであるために、自覚されていない場合が多い。半島に住む者は改めてその価値を見つめ直す必要があるだろう。

本章ではコーンウォールと熊野の共通点についてさぐってきたが、古代から変わらない「半島」という地形的な要因が、直接的なつながりのない二つの地域を様々な点で似かよったものにしたのかもしれない。

＊1　二本のマストがあり、後マストが横帆のものをさす。

参考文献

青木栄一「オスマン・トルコ帝国――そのシーパワーの盛衰」『世界の艦船』二〇〇〇年九月
秋元英一『アメリカ経済の歴史』東京大学出版会、一九九五年
網野善彦「太平洋の海上交通と紀伊半島」網野善彦・森浩一ほか編『海と列島文化8　伊勢と熊野の海』小学館、一九九二年
新井政美『トルコ近現代史』みすず書房、二〇〇一年
アルク、ウムット（村松増美・松谷浩尚訳）『トルコと日本』サイマル出版社、一九八九年
安藤精一編『和歌山の研究』第二巻、清文堂、一九七八年
イーズ、J・S（大出健訳）「世界システムの転換と移民」青木保ほか編『岩波講座文化人類学7　移動の民族誌』岩波書店、一九九六年
池井優・坂本勉編『近代日本とトルコ世界』勁草書房、一九九九年
石川榮吉『日本人のオセアニア発見』平凡社、一九九二年
井村君江『コーンウォール――妖精とアーサー王伝説の国』東京書籍、一九九七年
井村君江「ケルト神話の宇宙観――ドルイドを中心にして」鎌田東二・鶴岡真弓編『ケルトと日本』角川選書、二〇〇〇年

入江寅次『邦人海外発展史』原書房、一九八一年
ウィリアムズ、エリック（川北稔訳）『コロンブスからカストロまで』岩波現代選書、一九七八年
上野喜一郎『船の世界史』上、舵社、一九八〇年
上田光人「イギリス初期株式会社の考察」『中京商学論叢』第二〇巻第二号、一九七四年二月
宇田川武久『日本の海賊』誠文堂新光社、一九八三年
宇田川武久『戦国水軍の興亡』平凡社新書、二〇〇二年
梅原猛『日本の原郷　熊野』新潮社、一九九〇年
『大隈文書』早稲田大学図書館所蔵
岡本太郎『美の世界旅行』新潮社、一九八二年
小川平『アラフラ海の真珠』あゆみ出版、一九七六年
小野芳彦『小野翁遺稿　熊野史』和歌山県立新宮中学校同窓会、一九三四年
小畑龍雄「アメリカ船の中国渡来」『立命館文学』立命館大学人文学会、一九七七年十月
海上保安庁灯台部編『日本燈台史』燈光会、一九六九年
海上保安庁灯台部・西脇久夫編『燈台風土記』海文堂、一九八〇年
片岡千賀之『南洋の日本漁業』同文館出版、一九九一年
『勝海舟全集9』（海軍歴史Ⅱ）講談社、一九七三年
加藤恭子『アーサー王伝説紀行』中公新書、一九九二年
加藤幸治『紀伊半島の民族誌』社会評論社、二〇一二年
加藤祐三『イギリスとアジア』岩波新書、一九八〇年

金井圓編訳『描かれた幕末明治――イラストレイテッド・ロンドン・ニュース1853―1902』雄松堂出版、一九八六年
神奈川県県民部県史編集室編『神奈川県史 通史編4』神奈川県、一九八〇年
神奈川大学日本常民文化研究所書編『紀州小山家文書』日本評論社、二〇〇五年
金澤周作「近代英国における難破船略奪」『西洋史学』第一九三号、一九九九年
金澤周作編『海のイギリス史』昭和堂、二〇一三年
金谷匡人『海賊たちの中世』吉川弘文館、一九九八年
河合隼雄『ケルトを巡る旅』講談社＋α文庫、二〇一〇年
川北稔『工業化の前提条件』岩波書店、一九八五年
川成洋・石原孝哉『イギリス人の故郷』三修社、一九八四年
北政巳「スコットランドとイギリス産業革命」角山栄編『講座西洋経済史Ⅱ 産業革命』同文館出版、一九七九年
北政巳『国際日本を拓いた人々』同文館出版、一九八四年
北政巳『近代スコットランド移民史研究』お茶の水書房、一九九八年
北政巳『スコットランド・ルネッサンスと大英帝国の繁栄』藤原書店、二〇〇三年
木村和男『毛皮交易が創る世界』岩波書店、二〇〇四年
久原脩司「アラフラ海における採貝出稼初期移民の研究」大島襄二編『トレス海峡の人々――その地理学的・民族学的研究』古今書院、一九八三年
久原脩司「トレス海峡における真珠貝漁業と日本人の遺跡」『移住研究』一五、国際協力事業団、一九七八

年
串本町史編さん委員会編『串本町史 史料編』串本町、一九八八年
串本町史編さん委員会編『串本町史 通史編』串本町、一九九五年
熊野太地浦捕鯨史編纂委員会『熊野の太地 鯨に挑む町』平凡社、一九六五年
クルーズ、ハーマン・E／チャールズ・ギルバート（鳥羽欽一郎ほか訳）『アメリカ経営史』上、東洋経済新報社、一九七四年
桑原康宏『世界遺産の地 熊野――その表層と深層』ウインかもがわ、二〇〇九年
コグラン、ローナン（山本史郎訳）『図説 アーサー王伝説事典』原書房、一九九六年
小松香織「アブデュル・ハミト二世と一九世紀末のオスマン帝国」『史学雑誌』第九八編第九号、史學會、一九八九年
小松香織『オスマン帝国の海運と海軍』山川出版社、二〇〇二年
小松香織『オスマン帝国の近代と海軍』山川出版社、二〇〇四年
災害教訓の継承に関する専門調査会報告書『1890 エルトゥールル号事件報告書』中央防災会議、二〇〇五年
齋藤優子（設楽國廣監修）『オスマン帝国六〇〇年史』中経出版、二〇一四年
榊原和夫『海賊の道』誠文堂新光社、一九八五年
櫻井進『〈半島〉の精神誌』新曜社、一九九五年
佐々木史郎『北方から来た交易民』NHKブックス、一九九六年
佐波宣平『復刻版 海の英語』成山堂書店、一九九八年

参考文献

佐山和夫『わが名はケンドリック』講談社、一九九一年
佐山和夫「ジョン・ケンドリックについて」『ジョン・ケンドリック船長　没後200周年記念誌――7代目ケンリック氏を迎えて』ジョン・ケンドリックの会
澤護『お雇いフランス人の研究』敬愛大学経済文化研究会、一九九一年
司馬遼太郎『ロシアについて』文藝春秋、一九八六年
司馬遼太郎『木曜島の夜会』文藝春秋、二〇〇二年
嶋田正ほか編『ザ・ヤトイ――お雇い外国人の総合的研究』思文閣出版、一九九〇年
下山晃『毛皮と皮革の文明史』ミネルヴァ書房、二〇〇一年
シュミット、カール（生松敬三・前野光弘訳）『陸と海と』福村出版、一九七一年
ジョーンズ、ヘーゼル「グリフィスのテーゼと明治お雇い外国人政策」アーダス・パークス編（梅渓昇監訳）『近代化の推進者たち』思文閣出版、一九九〇年
新宮市編『新宮市誌』新宮市、一九三七年
『世界伝記大事典』第一巻、ほるぷ出版社、一九八〇年
「世界半島会議開催業務報告書」日本システム開発研究所、一九九九年
大王町史編さん委員会『大王町史』一九九四年
太地亮『太地角右衛門と鯨方』西岡総合印刷、二〇〇一年
太地亮『鯨方遭難史』エスピー企画、二〇〇八年
高橋哲雄『二つの大聖堂のある町』筑摩書房、一九八五年
高橋哲雄『スコットランド　歴史を歩く』岩波新書、二〇〇四年

武田楠雄『維新と科学』岩波書店、一九七二年
田嶋威夫・串本町公民館編『串本のあゆみ 明治篇』串本町公民館、一九七六年
田中航『帆船時代』毎日新聞社、一九七六年
谷川健一・三石学編『海の熊野』森話社、二〇一一年
田村光三『ニューイングランド社会経済史研究』勁草書房、一九九五年
ダレス、フォスター・リーア（辰巳光世訳）『さむらいとヤンキー』読売新聞社、一九六九年
チェックランド、オリーブ（加藤詔士・宮田学編訳）『日本の近代化とスコットランド』玉川大学出版部、
二〇〇四年
陳舜臣『イスタンブール』文藝春秋、一九九二年
角山栄「イギリスの産業革命」角山栄編『講座西洋経済史Ⅱ 産業革命』同文館出版、一九七九年
角山栄『茶の世界史』中公新書、一九八〇年
鶴見良行『ナマコの眼』関根栄郷、一九九〇年
戸田清子「ノルマントン号事件と条約改正」神戸外国人居留地研究会編『神戸と居留地』神戸新聞総合出版
センター、二〇〇五年
豊原治郎『アメリカ海運通商史研究』未来社、一九六七年
トランター、ナイジェル（杉本優訳）『スコットランド物語』大修館書店、一九九七年
内藤智秀『日土交渉史』泉書院、一九三一年
内藤智秀・小辻節三・小林元『西南アジアの趨勢』目黒書店、一九四二年
中上健次『紀州 木の国・根の国物語』朝日文庫、一九九三年

永田雄三・加藤博『西アジア』下、朝日新聞社、一九九三年
長場紘『近代トルコ見聞録』慶應義塾大学出版会、二〇〇〇年
中村久雄「レディ・ワシントン号大島来航の史実　上」『串本』第二三八号、一九九二年十一月
中村久雄「レディィ・ワシントン号大島来航の史実　下」『串本』第二三九号、一九九二年十二月
那智勝浦町史編さん委員会編『那智勝浦町史』那智勝浦町、一九八〇年
西田正憲『瀬戸内海の発見』中公新書、一九九九年
根井浄『観音浄土に船出した人びと』吉川弘文館、二〇〇八年
萩原法子『熊野の太陽信仰と三本足の烏』戎光祥出版、一九九九年
ハクルート（越智武臣訳）「西方植民論」『イギリスの航海と植民（二）』（大航海時代叢書・第二期・一八）岩波書店、一九八五年
羽原又吉『漂海民』岩波新書、一九六三年
濱健吾『紀伊大島』浜口出版社、一九九〇年
濱端栄造『熊野よいとこ』私家版、一九八〇年
東田雅博『図像のなかの中国と日本』山川出版社、一九九八年
ビーズリー、W・G「衝突から協調へ——日本領海における英国海軍の測量活動（一八四五〜一八八二年）」細谷千博ほか監修『日英交流史——1600—2000　政治・外交1』東京大学出版会、二〇〇〇年
ビタール、テレーズ（富樫よう子訳）『オスマン帝国の栄光』創元社、一九九五年
ヒッチングズ、ヘンリー（田中京子訳）『ジョンソン博士の「英語辞典」』みすず書房、二〇〇七年
フォーチュン、ロバート（三宅馨訳）『幕末日本探訪記』講談社学術文庫、一九九七年

藤岡保洋「D&Tスティーブンソンの仕様書とR・H・ブラントンが建設した灯台」『燈光』三八号、二〇〇三年十一月
藤川隆男編『オーストラリアの歴史』有斐閣、一九九〇年
ブラントン、R・H（徳力真太郎訳）『お雇い外人が見た近代日本』講談社学術文庫、一九八六年
ブレンドン、ビアーズ（石井昭夫訳）『トマス・クック物語』中央公論社、一九九五年、
ベーン、M・A（足立良子訳）『真珠貝の誘惑』勁書書房、一九八七年
別枝達夫『海事史の舞台』みすず書房、一九七九年
別枝達夫『海賊の系譜』誠文堂新光社、一九八〇年
ペリー、ジョン・C（北太平洋国際関係史研究会訳）『西へ』PHP研究所、一九九八年
堀元美『帆船時代のアメリカ』上、原書房、一九八二年
マクドゥーガル、ウォルター（加藤祐三監修・木村剛久訳）『太平洋世界』上、共同通信社、一九九六年
増田義郎『太平洋——開かれた海の歴史』集英社新書、二〇〇四年
町田宗鳳『エロスの国・熊野』法蔵館、一九九六年
松本一郎「英国航海条例と北米合衆国独立史」『海事交通研究』第二三集、一九八四年
松本博之「アラフラ海の真珠貝に関する覚え書き」『地理学報』第三五号、二〇〇一年
丸山静『熊野考』せりか書房、一九八九年
御手洗昭治『黒船以前——アメリカの対日政策はそこから始まった!!』第一書房、一九九四年
南方熊楠「神社合祀に関する意見」『南方熊楠全集7』平凡社、一九七一年
宮崎正勝『海図の世界』新潮選書、二〇一二年

宮永孝『白い崖の国をたずねて』集英社、一九九七年
宮本常一編『海の道』八坂書房、一九八八年
村井章介『海から見た戦国日本——列島史から世界史へ』ちくま新書、一九九七年
モリソン、サムエル（西川正身訳）『アメリカの歴史』集英社文庫、一九九七年
森田勝昭『鯨と捕鯨の文化史』名古屋大学出版会、一九九四年
矢沢利彦『東西お茶交流考』東方選書、一九九七年
山田篤美『真珠の世界史』中公新書、二〇一三年
山本あい「ジョセフ・ディック追想録」『燈光』燈光会、一九六九年三月
横浜開港資料館編『R・H・ブラントン』横浜開港資普及協会、一九九一年
吉田みどり『物語る人』毎日新聞社、一九九九年
『和歌山県移民史』和歌山県、一九五七年
和歌山県警察史編纂委員会『和歌山県警察史』第一巻、和歌山県警察本部、一九八三年
和歌山県東牟婁郡編『紀伊東牟婁郡誌』上（復刻版）、清文堂、一九八九年
Bella, Bathurst, *The Lighthouse Stevensons*, Flamingo, 1999
Blakeney, William, *On the Coasts of Cathay and Cipango Forty Years Ago*, London, 1902
Braynard, Frank O., *Famous American Ships*, New York: Hastings House, 1978
Brunton, Richard Henry, *Schoolmaster to an Empire*, Greenwood Press, 1991
Dulles, Foster Rhea, *America in the Pacific*, Da Capo Press, 1969
Ganter, Regina, *The Pearl-Shellers of Tonres Strait*, Nelbourne University Press, 1994

Henderson, Daniel M., *Yankee Ships in China Seas*, Books for Libraries Press, 1970

Howay, Frederic W., *Voyages of the Columbia*, Da Capo Press, 1990

Morison, Samuel Eliot, *The Maritime History Of Massachusetts 1783-1860*, A Northeastern Classics Edition, 1961

Scofield, John, *Hail, Columbia*, Oregon Historical Society, 1993

Swallow, Sarah, *Kinnaird head*, Scotland's Lighthouse Museum, 1989

Van Zandt, Howard F., *Pioneer American merchants in Japan*, Lotus Press, 1980

あとがき

二十五、六年前のことである。新宮市内の高校に勤めていた時、先輩教員から郷土史の勉強会に誘われた。しかし、当時、世界史を教えていた私にとって、熊野とは「暗い山の中」といったイメージが強く、正直言ってあまり興味も関心ももてなかった。

ところが、一九九四（平成六）年、那智勝浦町で「全国歴史教育研究協議会和歌山大会」が開催され、地元の高校に勤めていたこともあり、世界史分野でアメリカ船の紀伊大島寄港を題材に発表することになった。「十八世紀末、極東を取り巻く国際情勢と合衆国のアジア進出」と題した。大会終了後、新宮高校校長の疋田眞臣先生から、「社会科の教員で熊野の教材化をしてみないか」というお話があり、新宮高校と新宮商業高校の教員らで協力し合い、『熊野彩発見』という小冊子をまとめた。

熊野は、かつては木材の集積地や漁業などで賑わってきたが、近年は過疎化が急ピッチで進み、また、これと言った産業もないため、高校の卒業生は就職や進学で県外に出ざるを得ず、そのままふるさとに戻ってこないという現状があった。このような中で、ふるさと「熊野」について学び理解することは大切であるとの共通認識を、社会科教員全員が持っていたのである。

すでに国際化が叫ばれて久しいが、高校生が将来、国際社会の一員として生きていくためには、自らが生活する地域の歴史や文化について学ぶことが肝心で、そこから日本、そして世界へと視点を広げることにより、グローバルなものの見方や考え方が身につくものと考える。地域の出来事を地域という狭い範囲で捉えるのではなく、日本史や世界史との関連で捉えることが、世界に通用する日本人としての歴史認識を育成することになるだろう。

私自身、最初は興味も関心もなかった熊野の歴史であったが、海の視点で眺めてみると、これまで抱いていた「内なる熊野」とは異なる、外国との関わりを契機に外に向かって発展していくもう一つの「熊野」があることに気がついた。中でも、特に興味を持ったのが「灯台」である。私が生まれ育った串本町には樫野埼灯台と潮岬灯台があるが、これらの灯台は地元の人間にとっては遠足の定番コースといった存在で、特別な感情を抱いたことはなかった。しかし、二十年前、所用で東京に行った帰り、三浦半島に足を伸ばした折、たまたま立ち寄った観音崎京急ホテルでもらった小冊子『なぎさ』(京浜急行電鉄広報誌)の中に、「横浜公園とブラントン」について書かれた一文を見つけた。ブラントンという名前に、どこか聞き覚えがあり調べてみると、樫野埼と潮岬の両灯台を造ったイギリス人技師であることがわかった。彼はスコットランド出身で、明治政府が雇った最初のお雇い外国人だった。

それまでに私はスコットランドを二度訪れたことがあり、エディンバラやスターリング、パース、インバーネスなどの都市以外にも、レンタカーでブリテン島最北端のジョン・オグローツやスカイ島にも足を伸ばしたが、灯台は一つも見てこなかった。ブラントンについて知るまでは、スコットランドが灯台先進国であり、我が国の灯台建設に多くのスコットランド人が関わっていたことなど知る由もなかったのである。それ故に、ブラントンを知ってからは、上京する度に、横浜開港資料館などでブラントンや彼が造った灯台について調べてきた。早朝の関内を歩き回り、日本大通りや横浜公園などブラントンの足跡を訪ねた。また、ブラントンが造った全国各地の灯台にも足を運ぶようになった。

そうする中で『イラストレイテッド・ロンドン・ニュース』や『ファー・イースト』などの外国雑誌に幕末・明治の串本や大島の風景が掲載されていることを知り、山口県の角島灯台のジョセフ・ディックという灯台守が、大島や潮岬の若者を南洋での真珠貝採りに誘ったという「デッキ」なのではないかと気づいたりもした。最初は興味も関心もなかった「熊野」や「灯台」が、地域史と世界史を結ぶ格好のテーマとなり、世界史の授業にも生かすことができた。まさに、「灯台もと暗し」だったわけである。

二〇一六年は、アメリカ船が大島に寄港してから二百二十五年目を迎える。ペリー来航六十二年前のこの出来事は、開国への序章であったと言えよう。これ以後、熊野の海には外国船が到来するようになり、人々は好むと好まざるとに関わらず外国との関わりを持つことになるのである。それにともない洋式灯台が建設され、イギリス船ノルマントン号やトルコ軍艦エルトゥールル号の遭難に際しては、地域の人々が海難救助に尽力した。また、明治中頃から、アメリカやブラジル、さらにオーストラリアの木曜島やアラフラ海に多くの熊野の人々が出かけていった。昭和末頃までの熊野の家々では、外国への渡航経験がある親戚が一人や二人は必ずいたし、また、大島や潮岬、出雲などでは床の間に大きな貝殻が戦利品のように置かれた家も多かった。

本書は、これまでの二十年間に、新宮市立図書館発行の『熊野誌』（四十四、四十五、五十八号）、『熊野TODAY』（はる書房）、『海の熊野』（森話社）に寄稿した拙文を加筆修正したものに加えて、第八章「木曜島・アラフラ海への採貝出稼ぎ」と第九章「コーンウォールと熊野」を書き下ろしたものである。

本書をまとめるにあたり、これまで多くの方々にお世話になった。まず、甲南大学の恩師高橋哲雄先生からはイギリスの歴史や文化だけでなく、就職や結婚といった人生の節目節目においてお世話いただくなど、公私にわたってご教示をいただいた。二十九歳の時、高橋先生と一緒にコーンウォールを旅したことは、生涯忘れることのできない思い出である。次に、兵庫教育大学の恩師吉田興宣先生からは、修士論文作成にあたって懇切丁寧なご指導をいただくと共に、学究の心構えを教えていただいた。私のような浅学非才の者が、今日まで拙い研究を続けることができたのも、高橋先生と吉田先生のご指導の賜物である。ここに改めて感謝申し上げたい。

熊野の歴史や文化については、元新宮高等学校校長の疋田眞臣先生、元みくまの支援学校校長で現在佐藤春夫記念館館長の辻本雄一先生、昔は網元で現在は林業家の矢倉甚兵衛氏、熊野市文化財専門委員長で「海の熊野地名研究会」副会長の三石学氏などから、長年にわたって資料の提供及び発表の機会を与えていただいた。いつも暖かく応援して下さった各氏に、感謝申し上げたい。そして、横浜在住の小池温・和代夫妻には、ロンドンでお世話になった上、上京した折には三浦半島の灯台巡り等にお付き合いいただいたりもした。改めて感謝申し上げたい。この他にも、名前こそは記さないが、様々な方々にご指導及びご支援いただいたことに対し、この場を借りて感謝申し上げたい。
最後に、本書の出版に際し、本作りの「いろは」も知らない私に懇切丁寧にご指導並びにご配慮下さった森話社の西村篤氏に深く感謝申し上げたい。

二〇一五年十月二十七日

稲生　淳

［著者略歴］

稲生　淳（いなぶ・じゅん）

1955年、和歌山県串本町生まれ。

甲南大学経済学部卒業、兵庫教育大学大学院学校教育研究科教科領域専攻社会系コース修了。

和歌山県内の小・中・高等学校、及び県外交流で広島県の高等学校に勤務。和歌山県立古座高等学校校長、和歌山県教育センター学びの丘所長、和歌山県立和歌山商業高等学校校長などを務め、2015年3月定年退職。

共著に『熊野 TODAY』（疋田眞臣編集代表、はる書房、1998年）、『海の熊野』（谷川健一・三石学編、森話社、2011年）など。

熊野　海が紡《つむ》ぐ近代史

発行日……………………2015年12月18日・初版第1刷発行

著者……………………稲生　淳

発行者……………………大石良則

発行所……………………株式会社森話社

〒101-0064　東京都千代田区猿楽町 1-2-3

Tel　03-3292-2636

Fax　03-3292-2638

振替　00130-2-149068

印刷……………………株式会社厚徳社

製本……………………榎本製本株式会社

ISBN　978-4-86405-087-6　C0020

欲望の砂糖史——近代南島アルケオロジー

原井一郎著　奄美・沖縄の農民が血と涙で生み出してきた世界商品「砂糖」。コメと同様に幕藩政治を支え、日本近代化にも一役買ったその知られざる貢献を、最下層の農民の視点から描き出す。
四六判 320 頁／本体 2000 円＋税

琉球史を問い直す——古琉球時代論

吉成直樹著　王国成立に至る琉球の歴史は、「内的発展」のみで説明しうるのか。沖縄の独自性・独立性を強調するあまり打ち捨てられてきた、周辺地域の動態に焦点をあて、琉球史に新たな展望をひらく。
四六判 288 頁／本体 2900 円＋税

琉球列島の「密貿易」と境界線——1949-51

小池康仁著　米軍占領下の琉球において、台湾・日本との間に引かれた境界線を越え、物資を運んだ人びとがいた——。軍政資料や裁判記録、当事者へのインタビューなどから、戦後の復興に寄与した「密貿易」人たちの実態を明らかにする。A5 判 360 頁／本体 5600 円＋税

古代東アジアの「祈り」——宗教・習俗・占術

水口幹記編　いつの時代も人々は様々な願いを抱き、宗教や占いなどにすがって祈念してきた。古代の日本・中国・韓半島・ベトナムなどの東アジア世界で、互いに影響しつつ形成されてきた「祈り」の知と文化を探究する。四六判 336 頁／本体 3200 円＋税

古代の禁じられた恋——古事記・日本書紀が紡ぐ物語

桐村英一郎著　「同母の兄妹・姉弟は交わってはならない」という古代社会のタブー。それをやぶる禁断の恋に憑かれた皇子・皇女たちに訪れた結末とは？　「聖」と「性」の究極ともいえる禁忌の世界へ読者をいざなう。四六判 208 頁／本体 2000 円＋税